Mietrecht

1. Auflage 2016

Bürgerliches Gesetzbuch (Auszüge); Einführungsgesetz zum Bürgerlichen Gesetzbuch (Wichtige Auszüge zum Mietrecht); Allgemeines Gleichbehandlungsgesetz; Verordnung über Heizkostenabrechnung - HeizkostenV; WohnflächenV; Betriebskostenverordnung; Wohnbindungsgesetz; Wohnraumförderungsgesetz; Wohnungseigentumsgesetz

Impressum

© MGJV-Verlag, Hans-Much-Weg 14, 20249 Hamburg, Telefon: 040/ 32030589; Bitte wenden Sie sich mit Ihren Anliegen auch auf elektronischem Wege an uns: MGJV.Verlag@gmail.com

Inhaltliche Verantwortung und Aktualität: Redaktion MGJV

Satz, Druck und Bindung: Externe Dienstleister; alle Rechte MGJV-Verlag

Umschlaggestaltung: Gustav Broedecker. Alle Rechte MGJV-Verlag

Wir sind bemüht, ein ansprechendes Produkt zu gestalten, dass angemessenen Ansprüchen an das Preis/Leistungsverhältnis und vernünftigen Qualitätserwartungen gerecht wird. Konstruktive Anregungen nutzen wir gerne, um künftige Auflagen zu ergänzen und anzupassen.

- - - - -

Über eine Bewertung bei Amazon oder anderen Distributoren freut sich die Redaktion. Mit Kritik und Verbesserungsvorschlägen für künftige Ausgaben wenden Sie sich auch gerne an MGJV.Verlag@gmail.com

Vielen Dank, Ihre Redaktion MGJV

Inhaltsverzeichnis

3

4

8

9

Bürgerliches Gesetzbuch

(BGB) (Wichtige Auszüge zum Mietrecht)

Ausfertigungsdatum: 18.08.1896

"Bürgerliches Gesetzbuch in der Fassung der Bekanntmachung vom 2. Januar 2002 (BGBl. I S. 42, 2909; 2003 I S. 738), das zuletzt durch Artikel 1 des Gesetzes vom 20. November 2015 (BGBl. I S. 2018) geändert worden ist".Neugefasst durch Bek. v. 2.1.2002 I 42, 2909; 2003, 738; Zuletzt geändert durch Art. 1 G v. 20.11.2015 I 2018.

Titel 5
Mietvertrag, Pachtvertrag

Untertitel 1
Allgemeine Vorschriften für Mietverhältnisse

-

§ 535 Inhalt und Hauptpflichten des Mietvertrags

(1) Durch den Mietvertrag wird der Vermieter verpflichtet, dem Mieter den Gebrauch der Mietsache während der Mietzeit zu gewähren. Der Vermieter hat die Mietsache dem Mieter in einem zum vertragsgemäßen Gebrauch geeigneten Zustand zu überlassen und sie während der Mietzeit in diesem Zustand zu erhalten. Er hat die auf der Mietsache ruhenden Lasten zu tragen.
(2) Der Mieter ist verpflichtet, dem Vermieter die vereinbarte Miete zu entrichten.

-

§ 536 Mietminderung bei Sach- und Rechtsmängeln

(1) Hat die Mietsache zur Zeit der Überlassung an den Mieter einen Mangel, der ihre Tauglichkeit zum vertragsgemäßen Gebrauch aufhebt, oder entsteht während der Mietzeit ein solcher Mangel, so ist der Mieter für die Zeit, in der die Tauglichkeit aufgehoben ist, von der Entrichtung der Miete befreit. Für die Zeit, während der die Tauglichkeit gemindert ist, hat er nur eine angemessen herabgesetzte Miete zu entrichten. Eine unerhebliche Minderung der Tauglichkeit bleibt außer Betracht.
(1a) Für die Dauer von drei Monaten bleibt eine Minderung der Tauglichkeit außer Betracht, soweit diese auf Grund einer Maßnahme eintritt, die einer energetischen Modernisierung nach § 555b Nummer 1 dient.
(2) Absatz 1 Satz 1 und 2 gilt auch, wenn eine zugesicherte Eigenschaft fehlt oder später wegfällt.
(3) Wird dem Mieter der vertragsgemäße Gebrauch der Mietsache durch das Recht eines Dritten ganz oder zum Teil entzogen, so gelten die Absätze 1 und 2 entsprechend.
(4) Bei einem Mietverhältnis über Wohnraum ist eine zum Nachteil des Mieters abweichende

11

Vereinbarung unwirksam.

-

§ 536a Schadens- und Aufwendungsersatzanspruch des Mieters wegen eines Mangels

(1) Ist ein Mangel im Sinne des § 536 bei Vertragsschluss vorhanden oder entsteht ein solcher Mangel später wegen eines Umstands, den der Vermieter zu vertreten hat, oder kommt der Vermieter mit der Beseitigung eines Mangels in Verzug, so kann der Mieter unbeschadet der Rechte aus § 536 Schadensersatz verlangen.
(2) Der Mieter kann den Mangel selbst beseitigen und Ersatz der erforderlichen Aufwendungen verlangen, wenn

1.

der Vermieter mit der Beseitigung des Mangels in Verzug ist oder

2.

die umgehende Beseitigung des Mangels zur Erhaltung oder Wiederherstellung des Bestands der Mietsache notwendig ist.

-

§ 536b Kenntnis des Mieters vom Mangel bei Vertragsschluss oder Annahme

Kennt der Mieter bei Vertragsschluss den Mangel der Mietsache, so stehen ihm die Rechte aus den §§ 536 und 536a nicht zu. Ist ihm der Mangel infolge grober Fahrlässigkeit unbekannt geblieben, so stehen ihm diese Rechte nur zu, wenn der Vermieter den Mangel arglistig verschwiegen hat. Nimmt der Mieter eine mangelhafte Sache an, obwohl er den Mangel kennt, so kann er die Rechte aus den §§ 536 und 536a nur geltend machen, wenn er sich seine Rechte bei der Annahme vorbehält.

-

§ 536c Während der Mietzeit auftretende Mängel; Mängelanzeige durch den Mieter

(1) Zeigt sich im Laufe der Mietzeit ein Mangel der Mietsache oder wird eine Maßnahme zum Schutz der Mietsache gegen eine nicht vorhergesehene Gefahr erforderlich, so hat der Mieter dies dem Vermieter unverzüglich anzuzeigen. Das Gleiche gilt, wenn ein Dritter sich ein Recht an der Sache anmaßt.
(2) Unterlässt der Mieter die Anzeige, so ist er dem Vermieter zum Ersatz des daraus entstehenden Schadens verpflichtet. Soweit der Vermieter infolge der Unterlassung der Anzeige nicht Abhilfe schaffen konnte, ist der Mieter nicht berechtigt,

1.

die in § 536 bestimmten Rechte geltend zu machen,

2.

nach § 536a Abs. 1 Schadensersatz zu verlangen oder

3.

ohne Bestimmung einer angemessenen Frist zur Abhilfe nach § 543 Abs. 3 Satz 1 zu kündigen.

-

§ 536d Vertraglicher Ausschluss von Rechten des Mieters wegen eines Mangels

Auf eine Vereinbarung, durch die die Rechte des Mieters wegen eines Mangels der Mietsache ausgeschlossen oder beschränkt werden, kann sich der Vermieter nicht berufen, wenn er den Mangel arglistig verschwiegen hat.

-

§ 537 Entrichtung der Miete bei persönlicher Verhinderung des Mieters

(1) Der Mieter wird von der Entrichtung der Miete nicht dadurch befreit, dass er durch einen in seiner Person liegenden Grund an der Ausübung seines Gebrauchsrechts gehindert wird. Der Vermieter muss sich jedoch den Wert der ersparten Aufwendungen sowie derjenigen Vorteile anrechnen lassen, die er aus einer anderweitigen Verwertung des Gebrauchs erlangt.
(2) Solange der Vermieter infolge der Überlassung des Gebrauchs an einen Dritten außerstande ist, dem Mieter den Gebrauch zu gewähren, ist der Mieter zur Entrichtung der Miete nicht verpflichtet.
-

§ 538 Abnutzung der Mietsache durch vertragsgemäßen Gebrauch

Veränderungen oder Verschlechterungen der Mietsache, die durch den vertragsgemäßen Gebrauch herbeigeführt werden, hat der Mieter nicht zu vertreten.
-

§ 539 Ersatz sonstiger Aufwendungen und Wegnahmerecht des Mieters

(1) Der Mieter kann vom Vermieter Aufwendungen auf die Mietsache, die der Vermieter ihm nicht nach § 536a Abs. 2 zu ersetzen hat, nach den Vorschriften über die Geschäftsführung ohne Auftrag ersetzt verlangen.
(2) Der Mieter ist berechtigt, eine Einrichtung wegzunehmen, mit der er die Mietsache versehen hat.
-

§ 540 Gebrauchsüberlassung an Dritte

(1) Der Mieter ist ohne die Erlaubnis des Vermieters nicht berechtigt, den Gebrauch der Mietsache einem Dritten zu überlassen, insbesondere sie weiter zu vermieten. Verweigert der Vermieter die Erlaubnis, so kann der Mieter das Mietverhältnis außerordentlich mit der gesetzlichen Frist kündigen, sofern nicht in der Person des Dritten ein wichtiger Grund vorliegt.
(2) Überlässt der Mieter den Gebrauch einem Dritten, so hat er ein dem Dritten bei dem Gebrauch zur Last fallendes Verschulden zu vertreten, auch wenn der Vermieter die Erlaubnis zur Überlassung erteilt hat.
-

§ 541 Unterlassungsklage bei vertragswidrigem Gebrauch

Setzt der Mieter einen vertragswidrigen Gebrauch der Mietsache trotz einer Abmahnung des Vermieters fort, so kann dieser auf Unterlassung klagen.
-

§ 542 Ende des Mietverhältnisses

(1) Ist die Mietzeit nicht bestimmt, so kann jede Vertragspartei das Mietverhältnis nach den gesetzlichen Vorschriften kündigen.
(2) Ein Mietverhältnis, das auf bestimmte Zeit eingegangen ist, endet mit dem Ablauf dieser Zeit, sofern es nicht

1.
    in den gesetzlich zugelassenen Fällen außerordentlich gekündigt oder
2.

verlängert wird.

§ 543 Außerordentliche fristlose Kündigung aus wichtigem Grund

(1) Jede Vertragspartei kann das Mietverhältnis aus wichtigem Grund außerordentlich fristlos kündigen. Ein wichtiger Grund liegt vor, wenn dem Kündigenden unter Berücksichtigung aller Umstände des Einzelfalls, insbesondere eines Verschuldens der Vertragsparteien, und unter Abwägung der beiderseitigen Interessen die Fortsetzung des Mietverhältnisses bis zum Ablauf der Kündigungsfrist oder bis zur sonstigen Beendigung des Mietverhältnisses nicht zugemutet werden kann.

(2) Ein wichtiger Grund liegt insbesondere vor, wenn

1.
   dem Mieter der vertragsgemäße Gebrauch der Mietsache ganz oder zum Teil nicht rechtzeitig gewährt oder wieder entzogen wird,

2.
   der Mieter die Rechte des Vermieters dadurch in erheblichem Maße verletzt, dass er die Mietsache durch Vernachlässigung der ihm obliegenden Sorgfalt erheblich gefährdet oder sie unbefugt einem Dritten überlässt oder

3.
   der Mieter

   a)
      für zwei aufeinander folgende Termine mit der Entrichtung der Miete oder eines nicht unerheblichen Teils der Miete in Verzug ist oder

   b)
      in einem Zeitraum, der sich über mehr als zwei Termine erstreckt, mit der Entrichtung der Miete in Höhe eines Betrages in Verzug ist, der die Miete für zwei Monate erreicht.

Im Falle des Satzes 1 Nr. 3 ist die Kündigung ausgeschlossen, wenn der Vermieter vorher befriedigt wird. Sie wird unwirksam, wenn sich der Mieter von seiner Schuld durch Aufrechnung befreien konnte und unverzüglich nach der Kündigung die Aufrechnung erklärt.

(3) Besteht der wichtige Grund in der Verletzung einer Pflicht aus dem Mietvertrag, so ist die Kündigung erst nach erfolglosem Ablauf einer zur Abhilfe bestimmten angemessenen Frist oder nach erfolgloser Abmahnung zulässig. Dies gilt nicht, wenn

1.
   eine Frist oder Abmahnung offensichtlich keinen Erfolg verspricht,

2.
   die sofortige Kündigung aus besonderen Gründen unter Abwägung der beiderseitigen Interessen gerechtfertigt ist oder

3.
   der Mieter mit der Entrichtung der Miete im Sinne des Absatzes 2 Nr. 3 in Verzug ist.

(4) Auf das dem Mieter nach Absatz 2 Nr. 1 zustehende Kündigungsrecht sind die §§ 536b und 536d entsprechend anzuwenden. Ist streitig, ob der Vermieter den Gebrauch der Mietsache rechtzeitig gewährt oder die Abhilfe vor Ablauf der hierzu bestimmten Frist bewirkt hat, so trifft ihn die Beweislast.

§ 544 Vertrag über mehr als 30 Jahre

Wird ein Mietvertrag für eine längere Zeit als 30 Jahre geschlossen, so kann jede Vertragspartei nach Ablauf von 30 Jahren nach Überlassung der Mietsache das Mietverhältnis außerordentlich mit der gesetzlichen Frist kündigen. Die Kündigung ist unzulässig, wenn der Vertrag für die Lebenszeit des Vermieters oder des Mieters geschlossen worden ist.

§ 545 Stillschweigende Verlängerung des Mietverhältnisses

Setzt der Mieter nach Ablauf der Mietzeit den Gebrauch der Mietsache fort, so verlängert sich das Mietverhältnis auf unbestimmte Zeit, sofern nicht eine Vertragspartei ihren entgegenstehenden Willen innerhalb von zwei Wochen dem anderen Teil erklärt. Die Frist beginnt

1.
   für den Mieter mit der Fortsetzung des Gebrauchs,
2.
   für den Vermieter mit dem Zeitpunkt, in dem er von der Fortsetzung Kenntnis erhält.

-

§ 546 Rückgabepflicht des Mieters

(1) Der Mieter ist verpflichtet, die Mietsache nach Beendigung des Mietverhältnisses zurückzugeben.
(2) Hat der Mieter den Gebrauch der Mietsache einem Dritten überlassen, so kann der Vermieter die Sache nach Beendigung des Mietverhältnisses auch von dem Dritten zurückfordern.

-

§ 546a Entschädigung des Vermieters bei verspäteter Rückgabe

(1) Gibt der Mieter die Mietsache nach Beendigung des Mietverhältnisses nicht zurück, so kann der Vermieter für die Dauer der Vorenthaltung als Entschädigung die vereinbarte Miete oder die Miete verlangen, die für vergleichbare Sachen ortsüblich ist.
(2) Die Geltendmachung eines weiteren Schadens ist nicht ausgeschlossen.

-

§ 547 Erstattung von im Voraus entrichteter Miete

(1) Ist die Miete für die Zeit nach Beendigung des Mietverhältnisses im Voraus entrichtet worden, so hat der Vermieter sie zurückzuerstatten und ab Empfang zu verzinsen. Hat der Vermieter die Beendigung des Mietverhältnisses nicht zu vertreten, so hat er das Erlangte nach den Vorschriften über die Herausgabe einer ungerechtfertigten Bereicherung zurückzuerstatten.
(2) Bei einem Mietverhältnis über Wohnraum ist eine zum Nachteil des Mieters abweichende Vereinbarung unwirksam.

-

§ 548 Verjährung der Ersatzansprüche und des Wegnahmerechts

(1) Die Ersatzansprüche des Vermieters wegen Veränderungen oder Verschlechterungen der Mietsache verjähren in sechs Monaten. Die Verjährung beginnt mit dem Zeitpunkt, in dem er die Mietsache zurückerhält. Mit der Verjährung des Anspruchs des Vermieters auf Rückgabe der Mietsache verjähren auch seine Ersatzansprüche.
(2) Ansprüche des Mieters auf Ersatz von Aufwendungen oder auf Gestattung der Wegnahme einer Einrichtung verjähren in sechs Monaten nach der Beendigung des Mietverhältnisses.
(3) (aufgehoben)

Untertitel 2
Mietverhältnisse über Wohnraum

Kapitel 1
Allgemeine Vorschriften

§ 549 Auf Wohnraummietverhältnisse anwendbare Vorschriften

(1) Für Mietverhältnisse über Wohnraum gelten die §§ 535 bis 548, soweit sich nicht aus den §§ 549 bis 577a etwas anderes ergibt.

(2) Die Vorschriften über die Miethöhe bei Mietbeginn in Gebieten mit angespannten Wohnungsmärkten (§§ 556d bis 556g), über die Mieterhöhung (§§ 557 bis 561) und über den Mieterschutz bei Beendigung des Mietverhältnisses sowie bei der Begründung von Wohnungseigentum (§ 568 Abs. 2, §§ 573, 573a, 573d Abs. 1, §§ 574 bis 575, 575a Abs. 1 und §§ 577, 577a) gelten nicht für Mietverhältnisse über

1.
   Wohnraum, der nur zum vorübergehenden Gebrauch vermietet ist,

2.
   Wohnraum, der Teil der vom Vermieter selbst bewohnten Wohnung ist und den der Vermieter überwiegend mit Einrichtungsgegenständen auszustatten hat, sofern der Wohnraum dem Mieter nicht zum dauernden Gebrauch mit seiner Familie oder mit Personen überlassen ist, mit denen er einen auf Dauer angelegten gemeinsamen Haushalt führt,

3.
   Wohnraum, den eine juristische Person des öffentlichen Rechts oder ein anerkannter privater Träger der Wohlfahrtspflege angemietet hat, um ihn Personen mit dringendem Wohnungsbedarf zu überlassen, wenn sie den Mieter bei Vertragsschluss auf die Zweckbestimmung des Wohnraums und die Ausnahme von den genannten Vorschriften hingewiesen hat.

(3) Für Wohnraum in einem Studenten- oder Jugendwohnheim gelten die §§ 556d bis 561 sowie die §§ 573, 573a, 573d Abs. 1 und §§ 575, 575a Abs. 1, §§ 577, 577a nicht.

§ 550 Form des Mietvertrags

Wird der Mietvertrag für längere Zeit als ein Jahr nicht in schriftlicher Form geschlossen, so gilt er für unbestimmte Zeit. Die Kündigung ist jedoch frühestens zum Ablauf eines Jahres nach Überlassung des Wohnraums zulässig.

§ 551 Begrenzung und Anlage von Mietsicherheiten

(1) Hat der Mieter dem Vermieter für die Erfüllung seiner Pflichten Sicherheit zu leisten, so darf diese vorbehaltlich des Absatzes 3 Satz 4 höchstens das Dreifache der auf einen Monat entfallenden Miete ohne die als Pauschale oder als Vorauszahlung ausgewiesenen Betriebskosten betragen.

(2) Ist als Sicherheit eine Geldsumme bereitzustellen, so ist der Mieter zu drei gleichen monatlichen Teilzahlungen berechtigt. Die erste Teilzahlung ist zu Beginn des Mietverhältnisses fällig. Die weiteren Teilzahlungen werden zusammen mit den unmittelbar folgenden Mietzahlungen fällig.

(3) Der Vermieter hat eine ihm als Sicherheit überlassene Geldsumme bei einem Kreditinstitut zu dem für Spareinlagen mit dreimonatiger Kündigungsfrist üblichen Zinssatz anzulegen. Die

Vertragsparteien können eine andere Anlageform vereinbaren. In beiden Fällen muss die Anlage vom Vermögen des Vermieters getrennt erfolgen und stehen die Erträge dem Mieter zu. Sie erhöhen die Sicherheit. Bei Wohnraum in einem Studenten- oder Jugendwohnheim besteht für den Vermieter keine Pflicht, die Sicherheitsleistung zu verzinsen.
(4) Eine zum Nachteil des Mieters abweichende Vereinbarung ist unwirksam.

-

§ 552 Abwendung des Wegnahmerechts des Mieters

(1) Der Vermieter kann die Ausübung des Wegnahmerechts (§ 539 Abs. 2) durch Zahlung einer angemessenen Entschädigung abwenden, wenn nicht der Mieter ein berechtigtes Interesse an der Wegnahme hat.
(2) Eine Vereinbarung, durch die das Wegnahmerecht ausgeschlossen wird, ist nur wirksam, wenn ein angemessener Ausgleich vorgesehen ist.

-

§ 553 Gestattung der Gebrauchsüberlassung an Dritte

(1) Entsteht für den Mieter nach Abschluss des Mietvertrags ein berechtigtes Interesse, einen Teil des Wohnraums einem Dritten zum Gebrauch zu überlassen, so kann er von dem Vermieter die Erlaubnis hierzu verlangen. Dies gilt nicht, wenn in der Person des Dritten ein wichtiger Grund vorliegt, der Wohnraum übermäßig belegt würde oder dem Vermieter die Überlassung aus sonstigen Gründen nicht zugemutet werden kann.
(2) Ist dem Vermieter die Überlassung nur bei einer angemessenen Erhöhung der Miete zuzumuten, so kann er die Erlaubnis davon abhängig machen, dass der Mieter sich mit einer solchen Erhöhung einverstanden erklärt.
(3) Eine zum Nachteil des Mieters abweichende Vereinbarung ist unwirksam.

-

§ 554 (weggefallen)

-

§ 554a Barrierefreiheit

(1) Der Mieter kann vom Vermieter die Zustimmung zu baulichen Veränderungen oder sonstigen Einrichtungen verlangen, die für eine behindertengerechte Nutzung der Mietsache oder den Zugang zu ihr erforderlich sind, wenn er ein berechtigtes Interesse daran hat. Der Vermieter kann seine Zustimmung verweigern, wenn sein Interesse an der unveränderten Erhaltung der Mietsache oder des Gebäudes das Interesse des Mieters an einer behindertengerechten Nutzung der Mietsache überwiegt. Dabei sind auch die berechtigten Interessen anderer Mieter in dem Gebäude zu berücksichtigen.
(2) Der Vermieter kann seine Zustimmung von der Leistung einer angemessenen zusätzlichen Sicherheit für die Wiederherstellung des ursprünglichen Zustandes abhängig machen. § 551 Abs. 3 und 4 gilt entsprechend.
(3) Eine zum Nachteil des Mieters von Absatz 1 abweichende Vereinbarung ist unwirksam.

-

§ 555 Unwirksamkeit einer Vertragsstrafe

Eine Vereinbarung, durch die sich der Vermieter eine Vertragsstrafe vom Mieter versprechen lässt, ist unwirksam.

Kapitel 1a
Erhaltungs- und Modernisierungsmaßnahmen

§ 555a Erhaltungsmaßnahmen

(1) Der Mieter hat Maßnahmen zu dulden, die zur Instandhaltung oder Instandsetzung der Mietsache erforderlich sind (Erhaltungsmaßnahmen).

(2) Erhaltungsmaßnahmen sind dem Mieter rechtzeitig anzukündigen, es sei denn, sie sind nur mit einer unerheblichen Einwirkung auf die Mietsache verbunden oder ihre sofortige Durchführung ist zwingend erforderlich.

(3) Aufwendungen, die der Mieter infolge einer Erhaltungsmaßnahme machen muss, hat der Vermieter in angemessenem Umfang zu ersetzen. Auf Verlangen hat er Vorschuss zu leisten.

(4) Eine zum Nachteil des Mieters von Absatz 2 oder 3 abweichende Vereinbarung ist unwirksam.

§ 555b Modernisierungsmaßnahmen

Modernisierungsmaßnahmen sind bauliche Veränderungen,

1.

durch die in Bezug auf die Mietsache Endenergie nachhaltig eingespart wird (energetische Modernisierung),

2.

durch die nicht erneuerbare Primärenergie nachhaltig eingespart oder das Klima nachhaltig geschützt wird, sofern nicht bereits eine energetische Modernisierung nach Nummer 1 vorliegt,

3.

durch die der Wasserverbrauch nachhaltig reduziert wird,

4.

durch die der Gebrauchswert der Mietsache nachhaltig erhöht wird,

5.

durch die die allgemeinen Wohnverhältnisse auf Dauer verbessert werden,

6.

die auf Grund von Umständen durchgeführt werden, die der Vermieter nicht zu vertreten hat, und die keine Erhaltungsmaßnahmen nach § 555a sind, oder

7.

durch die neuer Wohnraum geschaffen wird.

§ 555c Ankündigung von Modernisierungsmaßnahmen

(1) Der Vermieter hat dem Mieter eine Modernisierungsmaßnahme spätestens drei Monate vor ihrem Beginn in Textform anzukündigen (Modernisierungsankündigung). Die Modernisierungsankündigung muss Angaben enthalten über:

1.

die Art und den voraussichtlichen Umfang der Modernisierungsmaßnahme in wesentlichen Zügen,

2.

den voraussichtlichen Beginn und die voraussichtliche Dauer der Modernisierungsmaßnahme,

3.

den Betrag der zu erwartenden Mieterhöhung, sofern eine Erhöhung nach § 559 verlangt werden soll, sowie die voraussichtlichen künftigen Betriebskosten.

(2) Der Vermieter soll den Mieter in der Modernisierungsankündigung auf die Form und die Frist des Härteeinwands nach § 555d Absatz 3 Satz 1 hinweisen.

(3) In der Modernisierungsankündigung für eine Modernisierungsmaßnahme nach § 555b Nummer 1 und 2 kann der Vermieter insbesondere hinsichtlich der energetischen Qualität von Bauteilen auf allgemein anerkannte Pauschalwerte Bezug nehmen.

(4) Die Absätze 1 bis 3 gelten nicht für Modernisierungsmaßnahmen, die nur mit einer unerheblichen Einwirkung auf die Mietsache verbunden sind und nur zu einer unerheblichen Mieterhöhung führen.

(5) Eine zum Nachteil des Mieters abweichende Vereinbarung ist unwirksam.

-

§ 555d Duldung von Modernisierungsmaßnahmen, Ausschlussfrist

(1) Der Mieter hat eine Modernisierungsmaßnahme zu dulden.

(2) Eine Duldungspflicht nach Absatz 1 besteht nicht, wenn die Modernisierungsmaßnahme für den Mieter, seine Familie oder einen Angehörigen seines Haushalts eine Härte bedeuten würde, die auch unter Würdigung der berechtigten Interessen sowohl des Vermieters als auch anderer Mieter in dem Gebäude sowie von Belangen der Energieeinsparung und des Klimaschutzes nicht zu rechtfertigen ist. Die zu erwartende Mieterhöhung sowie die voraussichtlichen künftigen Betriebskosten bleiben bei der Abwägung im Rahmen der Duldungspflicht außer Betracht; sie sind nur nach § 559 Absatz 4 und 5 bei einer Mieterhöhung zu berücksichtigen.

(3) Der Mieter hat dem Vermieter Umstände, die eine Härte im Hinblick auf die Duldung oder die Mieterhöhung begründen, bis zum Ablauf des Monats, der auf den Zugang der Modernisierungsankündigung folgt, in Textform mitzuteilen. Der Lauf der Frist beginnt nur, wenn die Modernisierungsankündigung den Vorschriften des § 555c entspricht.

(4) Nach Ablauf der Frist sind Umstände, die eine Härte im Hinblick auf die Duldung oder die Mieterhöhung begründen, noch zu berücksichtigen, wenn der Mieter ohne Verschulden an der Einhaltung der Frist gehindert war und er dem Vermieter die Umstände sowie die Gründe der Verzögerung unverzüglich in Textform mitteilt. Umstände, die eine Härte im Hinblick auf die Mieterhöhung begründen, sind nur zu berücksichtigen, wenn sie spätestens bis zum Beginn der Modernisierungsmaßnahme mitgeteilt werden.

(5) Hat der Vermieter in der Modernisierungsankündigung nicht auf die Form und die Frist des Härteeinwands hingewiesen (§ 555c Absatz 2), so bedarf die Mitteilung des Mieters nach Absatz 3 Satz 1 nicht der dort bestimmten Form und Frist. Absatz 4 Satz 2 gilt entsprechend.

(6) § 555a Absatz 3 gilt entsprechend.

(7) Eine zum Nachteil des Mieters abweichende Vereinbarung ist unwirksam.

-

§ 555e Sonderkündigungsrecht des Mieters bei Modernisierungsmaßnahmen

(1) Nach Zugang der Modernisierungsankündigung kann der Mieter das Mietverhältnis außerordentlich zum Ablauf des übernächsten Monats kündigen. Die Kündigung muss bis zum Ablauf des Monats erfolgen, der auf den Zugang der Modernisierungsankündigung folgt.

(2) § 555c Absatz 4 gilt entsprechend.

(3) Eine zum Nachteil des Mieters abweichende Vereinbarung ist unwirksam.

-

§ 555f Vereinbarungen über Erhaltungs- oder Modernisierungsmaßnahmen

Die Vertragsparteien können nach Abschluss des Mietvertrags aus Anlass von Erhaltungs- oder Modernisierungsmaßnahmen Vereinbarungen treffen, insbesondere über die

1.

2. zeitliche und technische Durchführung der Maßnahmen,

3. Gewährleistungsrechte und Aufwendungsersatzansprüche des Mieters,

künftige Höhe der Miete.

Kapitel 2
Die Miete

Unterkapitel 1
Vereinbarungen über die Miete

-

§ 556 Vereinbarungen über Betriebskosten

(1) Die Vertragsparteien können vereinbaren, dass der Mieter Betriebskosten trägt. Betriebskosten sind die Kosten, die dem Eigentümer oder Erbbauberechtigten durch das Eigentum oder das Erbbaurecht am Grundstück oder durch den bestimmungsmäßigen Gebrauch des Gebäudes, der Nebengebäude, Anlagen, Einrichtungen und des Grundstücks laufend entstehen. Für die Aufstellung der Betriebskosten gilt die Betriebskostenverordnung vom 25. November 2003 (BGBl. I S. 2346, 2347) fort. Die Bundesregierung wird ermächtigt, durch Rechtsverordnung ohne Zustimmung des Bundesrates Vorschriften über die Aufstellung der Betriebskosten zu erlassen.
(2) Die Vertragsparteien können vorbehaltlich anderweitiger Vorschriften vereinbaren, dass Betriebskosten als Pauschale oder als Vorauszahlung ausgewiesen werden. Vorauszahlungen für Betriebskosten dürfen nur in angemessener Höhe vereinbart werden.
(3) Über die Vorauszahlungen für Betriebskosten ist jährlich abzurechnen; dabei ist der Grundsatz der Wirtschaftlichkeit zu beachten. Die Abrechnung ist dem Mieter spätestens bis zum Ablauf des zwölften Monats nach Ende des Abrechnungszeitraums mitzuteilen. Nach Ablauf dieser Frist ist die Geltendmachung einer Nachforderung durch den Vermieter ausgeschlossen, es sei denn, der Vermieter hat die verspätete Geltendmachung nicht zu vertreten. Der Vermieter ist zu Teilabrechnungen nicht verpflichtet. Einwendungen gegen die Abrechnung hat der Mieter dem Vermieter spätestens bis zum Ablauf des zwölften Monats nach Zugang der Abrechnung mitzuteilen. Nach Ablauf dieser Frist kann der Mieter Einwendungen nicht mehr geltend machen, es sei denn, der Mieter hat die verspätete Geltendmachung nicht zu vertreten.
(4) Eine zum Nachteil des Mieters von Absatz 1, Absatz 2 Satz 2 oder Absatz 3 abweichende Vereinbarung ist unwirksam.

-

§ 556a Abrechnungsmaßstab für Betriebskosten

(1) Haben die Vertragsparteien nichts anderes vereinbart, sind die Betriebskosten vorbehaltlich anderweitiger Vorschriften nach dem Anteil der Wohnfläche umzulegen. Betriebskosten, die von einem erfassten Verbrauch oder einer erfassten Verursachung durch die Mieter abhängen, sind nach einem Maßstab umzulegen, der dem unterschiedlichen Verbrauch oder der unterschiedlichen Verursachung Rechnung trägt.
(2) Haben die Vertragsparteien etwas anderes vereinbart, kann der Vermieter durch Erklärung in Textform bestimmen, dass die Betriebskosten zukünftig abweichend von der getroffenen Vereinbarung ganz oder teilweise nach einem Maßstab umgelegt werden dürfen, der dem erfassten unterschiedlichen Verbrauch oder der erfassten unterschiedlichen Verursachung Rechnung trägt. Die Erklärung ist nur vor Beginn eines Abrechnungszeitraums zulässig. Sind die Kosten bislang in der Miete enthalten, so ist diese entsprechend herabzusetzen.
(3) Eine zum Nachteil des Mieters von Absatz 2 abweichende Vereinbarung ist unwirksam.

-

§ 556b Fälligkeit der Miete, Aufrechnungs- und Zurückbehaltungsrecht

(1) Die Miete ist zu Beginn, spätestens bis zum dritten Werktag der einzelnen Zeitabschnitte zu entrichten, nach denen sie bemessen ist.

(2) Der Mieter kann entgegen einer vertraglichen Bestimmung gegen eine Mietforderung mit einer Forderung auf Grund der §§ 536a, 539 oder aus ungerechtfertigter Bereicherung wegen zu viel gezahlter Miete aufrechnen oder wegen einer solchen Forderung ein Zurückbehaltungsrecht ausüben, wenn er seine Absicht dem Vermieter mindestens einen Monat vor der Fälligkeit der Miete in Textform angezeigt hat. Eine zum Nachteil des Mieters abweichende Vereinbarung ist unwirksam.

§ 556c Kosten der Wärmelieferung als Betriebskosten, Verordnungsermächtigung

(1) Hat der Mieter die Betriebskosten für Wärme oder Warmwasser zu tragen und stellt der Vermieter die Versorgung von der Eigenversorgung auf die eigenständig gewerbliche Lieferung durch einen Wärmelieferanten (Wärmelieferung) um, so hat der Mieter die Kosten der Wärmelieferung als Betriebskosten zu tragen, wenn

1.
    die Wärme mit verbesserter Effizienz entweder aus einer vom Wärmelieferanten errichteten neuen Anlage oder aus einem Wärmenetz geliefert wird und
2.
    die Kosten der Wärmelieferung die Betriebskosten für die bisherige Eigenversorgung mit Wärme oder Warmwasser nicht übersteigen.

Beträgt der Jahresnutzungsgrad der bestehenden Anlage vor der Umstellung mindestens 80 Prozent, kann sich der Wärmelieferant anstelle der Maßnahmen nach Nummer 1 auf die Verbesserung der Betriebsführung der Anlage beschränken.

(2) Der Vermieter hat die Umstellung spätestens drei Monate zuvor in Textform anzukündigen (Umstellungsankündigung).

(3) Die Bundesregierung wird ermächtigt, durch Rechtsverordnung ohne Zustimmung des Bundesrates Vorschriften für Wärmelieferverträge, die bei einer Umstellung nach Absatz 1 geschlossen werden, sowie für die Anforderungen nach den Absätzen 1 und 2 zu erlassen. Hierbei sind die Belange von Vermietern, Mietern und Wärmelieferanten angemessen zu berücksichtigen.

(4) Eine zum Nachteil des Mieters abweichende Vereinbarung ist unwirksam.

Unterkapitel 1a
Vereinbarungen über die Miethöhe bei Mietbeginn in Gebieten mit angespannten Wohnungsmärkten

§ 556d Zulässige Miethöhe bei Mietbeginn; Verordnungsermächtigung

(1) Wird ein Mietvertrag über Wohnraum abgeschlossen, der in einem durch Rechtsverordnung nach Absatz 2 bestimmten Gebiet mit einem angespannten Wohnungsmarkt liegt, so darf die Miete zu Beginn des Mietverhältnisses die ortsübliche Vergleichsmiete (§ 558 Absatz 2) höchstens um 10 Prozent übersteigen.

(2) Die Landesregierungen werden ermächtigt, Gebiete mit angespannten Wohnungsmärkten durch Rechtsverordnung für die Dauer von höchstens fünf Jahren zu bestimmen. Gebiete mit angespannten Wohnungsmärkten liegen vor, wenn die ausreichende Versorgung der Bevölkerung mit Mietwohnungen in einer Gemeinde oder einem Teil der Gemeinde zu angemessenen Bedingungen besonders gefährdet ist. Dies kann insbesondere dann der Fall sein, wenn

1.
    die Mieten deutlich stärker steigen als im bundesweiten Durchschnitt,

2.

    die durchschnittliche Mietbelastung der Haushalte den bundesweiten Durchschnitt deutlich übersteigt,

3.

    die Wohnbevölkerung wächst, ohne dass durch Neubautätigkeit insoweit erforderlicher Wohnraum geschaffen wird, oder

4.

    geringer Leerstand bei großer Nachfrage besteht.

Eine Rechtsverordnung nach Satz 1 muss spätestens am 31. Dezember 2020 in Kraft treten. Sie muss begründet werden. Aus der Begründung muss sich ergeben, auf Grund welcher Tatsachen ein Gebiet mit einem angespannten Wohnungsmarkt im Einzelfall vorliegt. Ferner muss sich aus der Begründung ergeben, welche Maßnahmen die Landesregierung in dem nach Satz 1 durch die Rechtsverordnung jeweils bestimmten Gebiet und Zeitraum ergreifen wird, um Abhilfe zu schaffen.

Fußnote

(+++ § 556d: Zur Nichtanwendung vgl. § 556f +++)
(+++ § 556d: Zur Anwendung vgl. §§ 557a, 557b +++)
(+++ § 556d: Zur Nichtanwendung vgl. § 35 BGBEG +++)

-

§ 556e Berücksichtigung der Vormiete oder einer durchgeführten Modernisierung

(1) Ist die Miete, die der vorherige Mieter zuletzt schuldete (Vormiete), höher als die nach § 556d Absatz 1 zulässige Miete, so darf eine Miete bis zur Höhe der Vormiete vereinbart werden. Bei der Ermittlung der Vormiete unberücksichtigt bleiben Mietminderungen sowie solche Mieterhöhungen, die mit dem vorherigen Mieter innerhalb des letzten Jahres vor Beendigung des Mietverhältnisses vereinbart worden sind.

(2) Hat der Vermieter in den letzten drei Jahren vor Beginn des Mietverhältnisses Modernisierungsmaßnahmen im Sinne des § 555b durchgeführt, so darf die nach § 556d Absatz 1 zulässige Miete um den Betrag überschritten werden, der sich bei einer Mieterhöhung nach § 559 Absatz 1 bis 3 und § 559a Absatz 1 bis 4 ergäbe. Bei der Berechnung nach Satz 1 ist von der ortsüblichen Vergleichsmiete (§ 558 Absatz 2) auszugehen, die bei Beginn des Mietverhältnisses ohne Berücksichtigung der Modernisierung anzusetzen wäre.

Fußnote

(+++ § 556e: Zur Nichtanwendung vgl. § 556f +++)
(+++ § 556e: Zur Anwendung vgl. §§ 557a, 557b +++)
(+++ § 556e: Zur Nichtanwendung vgl. § 35 BGBEG +++)

-

§ 556f Ausnahmen

§ 556d ist nicht anzuwenden auf eine Wohnung, die nach dem 1. Oktober 2014 erstmals genutzt und vermietet wird. Die §§ 556d und 556e sind nicht anzuwenden auf die erste Vermietung nach umfassender Modernisierung.

Fußnote

(+++ § 556f: Zur Anwendung vgl. §§ 557a, 557b +++)
(+++ § 556f: Zur Nichtanwendung vgl. § 35 BGBEG +++)

-

§ 556g Rechtsfolgen; Auskunft über die Miete

(1) Eine zum Nachteil des Mieters von den Vorschriften dieses Unterkapitels abweichende Vereinbarung ist unwirksam. Für Vereinbarungen über die Miethöhe bei Mietbeginn gilt dies nur, soweit die zulässige Miete überschritten wird. Der Vermieter hat dem Mieter zu viel gezahlte Miete

nach den Vorschriften über die Herausgabe einer ungerechtfertigten Bereicherung herauszugeben. Die §§ 814 und 817 Satz 2 sind nicht anzuwenden.
(2) Der Mieter kann von dem Vermieter eine nach den §§ 556d und 556e nicht geschuldete Miete nur zurückverlangen, wenn er einen Verstoß gegen die Vorschriften dieses Unterkapitels gerügt hat und die zurückverlangte Miete nach Zugang der Rüge fällig geworden ist. Die Rüge muss die Tatsachen enthalten, auf denen die Beanstandung der vereinbarten Miete beruht.
(3) Der Vermieter ist auf Verlangen des Mieters verpflichtet, Auskunft über diejenigen Tatsachen zu erteilen, die für die Zulässigkeit der vereinbarten Miete nach den Vorschriften dieses Unterkapitels maßgeblich sind, soweit diese Tatsachen nicht allgemein zugänglich sind und der Vermieter hierüber unschwer Auskunft geben kann. Für die Auskunft über Modernisierungsmaßnahmen (§ 556e Absatz 2) gilt § 559b Absatz 1 Satz 2 und 3 entsprechend.
(4) Sämtliche Erklärungen nach den Absätzen 2 und 3 bedürfen der Textform.
Fußnote
(+++ § 556g: Zur Anwendung vgl. §§ 557a, 557b +++)
(+++ § 556g: Zur Nichtanwendung vgl. § 35 BGBEG +++)

Unterkapitel 2
Regelungen über die Miethöhe

-

§ 557 Mieterhöhungen nach Vereinbarung oder Gesetz

(1) Während des Mietverhältnisses können die Parteien eine Erhöhung der Miete vereinbaren.
(2) Künftige Änderungen der Miethöhe können die Vertragsparteien als Staffelmiete nach § 557a oder als Indexmiete nach § 557b vereinbaren.
(3) Im Übrigen kann der Vermieter Mieterhöhungen nur nach Maßgabe der §§ 558 bis 560 verlangen, soweit nicht eine Erhöhung durch Vereinbarung ausgeschlossen ist oder sich der Ausschluss aus den Umständen ergibt.
(4) Eine zum Nachteil des Mieters abweichende Vereinbarung ist unwirksam.

-

§ 557a Staffelmiete

(1) Die Miete kann für bestimmte Zeiträume in unterschiedlicher Höhe schriftlich vereinbart werden; in der Vereinbarung ist die jeweilige Miete oder die jeweilige Erhöhung in einem Geldbetrag auszuweisen (Staffelmiete).
(2) Die Miete muss jeweils mindestens ein Jahr unverändert bleiben. Während der Laufzeit einer Staffelmiete ist eine Erhöhung nach den §§ 558 bis 559b ausgeschlossen.
(3) Das Kündigungsrecht des Mieters kann für höchstens vier Jahre seit Abschluss der Staffelmietvereinbarung ausgeschlossen werden. Die Kündigung ist frühestens zum Ablauf dieses Zeitraums zulässig.
(4) Die §§ 556d bis 556g sind auf jede Mietstaffel anzuwenden. Maßgeblich für die Berechnung der nach § 556d Absatz 1 zulässigen Höhe der zweiten und aller weiteren Mietstaffeln ist statt des Beginns des Mietverhältnisses der Zeitpunkt, zu dem die erste Miete der jeweiligen Mietstaffel fällig wird. Die in einer vorangegangenen Mietstaffel wirksam begründete Miethöhe bleibt erhalten.
(5) Eine zum Nachteil des Mieters abweichende Vereinbarung ist unwirksam.
Fußnote
(+++ § 557a Abs. 4: Zur Nichtanwendung vgl. § 35 BGBEG +++)

-

§ 557b Indexmiete

(1) Die Vertragsparteien können schriftlich vereinbaren, dass die Miete durch den vom

Statistischen Bundesamt ermittelten Preisindex für die Lebenshaltung aller privaten Haushalte in Deutschland bestimmt wird (Indexmiete).

(2) Während der Geltung einer Indexmiete muss die Miete, von Erhöhungen nach den §§ 559 bis 560 abgesehen, jeweils mindestens ein Jahr unverändert bleiben. Eine Erhöhung nach § 559 kann nur verlangt werden, soweit der Vermieter bauliche Maßnahmen auf Grund von Umständen durchgeführt hat, die er nicht zu vertreten hat. Eine Erhöhung nach § 558 ist ausgeschlossen.

(3) Eine Änderung der Miete nach Absatz 1 muss durch Erklärung in Textform geltend gemacht werden. Dabei sind die eingetretene Änderung des Preisindexes sowie die jeweilige Miete oder die Erhöhung in einem Geldbetrag anzugeben. Die geänderte Miete ist mit Beginn des übernächsten Monats nach dem Zugang der Erklärung zu entrichten.

(4) Die §§ 556d bis 556g sind nur auf die Ausgangsmiete einer Indexmietvereinbarung anzuwenden.

(5) Eine zum Nachteil des Mieters abweichende Vereinbarung ist unwirksam.

Fußnote

(+++ § 557b Abs. 4: Zur Nichtanwendung vgl. § 35 BGBEG +++)

-

§ 558 Mieterhöhung bis zur ortsüblichen Vergleichsmiete

(1) Der Vermieter kann die Zustimmung zu einer Erhöhung der Miete bis zur ortsüblichen Vergleichsmiete verlangen, wenn die Miete in dem Zeitpunkt, zu dem die Erhöhung eintreten soll, seit 15 Monaten unverändert ist. Das Mieterhöhungsverlangen kann frühestens ein Jahr nach der letzten Mieterhöhung geltend gemacht werden. Erhöhungen nach den §§ 559 bis 560 werden nicht berücksichtigt.

(2) Die ortsübliche Vergleichsmiete wird gebildet aus den üblichen Entgelten, die in der Gemeinde oder einer vergleichbaren Gemeinde für Wohnraum vergleichbarer Art, Größe, Ausstattung, Beschaffenheit und Lage einschließlich der energetischen Ausstattung und Beschaffenheit in den letzten vier Jahren vereinbart oder, von Erhöhungen nach § 560 abgesehen, geändert worden sind. Ausgenommen ist Wohnraum, bei dem die Miethöhe durch Gesetz oder im Zusammenhang mit einer Förderzusage festgelegt worden ist.

(3) Bei Erhöhungen nach Absatz 1 darf sich die Miete innerhalb von drei Jahren, von Erhöhungen nach den §§ 559 bis 560 abgesehen, nicht um mehr als 20 vom Hundert erhöhen (Kappungsgrenze). Der Prozentsatz nach Satz 1 beträgt 15 vom Hundert, wenn die ausreichende Versorgung der Bevölkerung mit Mietwohnungen zu angemessenen Bedingungen in einer Gemeinde oder einem Teil einer Gemeinde besonders gefährdet ist und diese Gebiete nach Satz 3 bestimmt sind. Die Landesregierungen werden ermächtigt, diese Gebiete durch Rechtsverordnung für die Dauer von jeweils höchstens fünf Jahren zu bestimmen.

(4) Die Kappungsgrenze gilt nicht,

1.

    wenn eine Verpflichtung des Mieters zur Ausgleichszahlung nach den Vorschriften über den Abbau der Fehlsubventionierung im Wohnungswesen wegen des Wegfalls der öffentlichen Bindung erloschen ist und

2.

    soweit die Erhöhung den Betrag der zuletzt zu entrichtenden Ausgleichszahlung nicht übersteigt.

Der Vermieter kann vom Mieter frühestens vier Monate vor dem Wegfall der öffentlichen Bindung verlangen, ihm innerhalb eines Monats über die Verpflichtung zur Ausgleichszahlung und über deren Höhe Auskunft zu erteilen. Satz 1 gilt entsprechend, wenn die Verpflichtung des Mieters zur Leistung einer Ausgleichszahlung nach den §§ 34 bis 37 des Wohnraumförderungsgesetzes und den hierzu ergangenen landesrechtlichen Vorschriften wegen Wegfalls der Mietbindung erloschen ist.

(5) Von dem Jahresbetrag, der sich bei einer Erhöhung auf die ortsübliche Vergleichsmiete ergäbe, sind Drittmittel im Sinne des § 559a abzuziehen, im Falle des § 559a Abs. 1 mit 11 vom Hundert des Zuschusses.

(6) Eine zum Nachteil des Mieters abweichende Vereinbarung ist unwirksam.
-

§ 558a Form und Begründung der Mieterhöhung

(1) Das Mieterhöhungsverlangen nach § 558 ist dem Mieter in Textform zu erklären und zu begründen.
(2) Zur Begründung kann insbesondere Bezug genommen werden auf

1.
  einen Mietspiegel (§§ 558c, 558d),
2.
  eine Auskunft aus einer Mietdatenbank (§ 558e),
3.
  ein mit Gründen versehenes Gutachten eines öffentlich bestellten und vereidigten Sachverständigen,
4.
  entsprechende Entgelte für einzelne vergleichbare Wohnungen; hierbei genügt die Benennung von drei Wohnungen.

(3) Enthält ein qualifizierter Mietspiegel (§ 558d Abs. 1), bei dem die Vorschrift des § 558d Abs. 2 eingehalten ist, Angaben für die Wohnung, so hat der Vermieter in seinem Mieterhöhungsverlangen diese Angaben auch dann mitzuteilen, wenn er die Mieterhöhung auf ein anderes Begründungsmittel nach Absatz 2 stützt.
(4) Bei der Bezugnahme auf einen Mietspiegel, der Spannen enthält, reicht es aus, wenn die verlangte Miete innerhalb der Spanne liegt. Ist in dem Zeitpunkt, in dem der Vermieter seine Erklärung abgibt, kein Mietspiegel vorhanden, bei dem § 558c Abs. 3 oder § 558d Abs. 2 eingehalten ist, so kann auch ein anderer, insbesondere ein veralteter Mietspiegel oder ein Mietspiegel einer vergleichbaren Gemeinde verwendet werden.
(5) Eine zum Nachteil des Mieters abweichende Vereinbarung ist unwirksam.
-

§ 558b Zustimmung zur Mieterhöhung

(1) Soweit der Mieter der Mieterhöhung zustimmt, schuldet er die erhöhte Miete mit Beginn des dritten Kalendermonats nach dem Zugang des Erhöhungsverlangens.
(2) Soweit der Mieter der Mieterhöhung nicht bis zum Ablauf des zweiten Kalendermonats nach dem Zugang des Verlangens zustimmt, kann der Vermieter auf Erteilung der Zustimmung klagen. Die Klage muss innerhalb von drei weiteren Monaten erhoben werden.
(3) Ist der Klage ein Erhöhungsverlangen vorausgegangen, das den Anforderungen des § 558a nicht entspricht, so kann es der Vermieter im Rechtsstreit nachholen oder die Mängel des Erhöhungsverlangens beheben. Dem Mieter steht auch in diesem Fall die Zustimmungsfrist nach Absatz 2 Satz 1 zu.
(4) Eine zum Nachteil des Mieters abweichende Vereinbarung ist unwirksam.
-

§ 558c Mietspiegel

(1) Ein Mietspiegel ist eine Übersicht über die ortsübliche Vergleichsmiete, soweit die Übersicht von der Gemeinde oder von Interessenvertretern der Vermieter und der Mieter gemeinsam erstellt oder anerkannt worden ist.
(2) Mietspiegel können für das Gebiet einer Gemeinde oder mehrerer Gemeinden oder für Teile von Gemeinden erstellt werden.
(3) Mietspiegel sollen im Abstand von zwei Jahren der Marktentwicklung angepasst werden.
(4) Gemeinden sollen Mietspiegel erstellen, wenn hierfür ein Bedürfnis besteht und dies mit einem

vertretbaren Aufwand möglich ist. Die Mietspiegel und ihre Änderungen sollen veröffentlicht werden.
(5) Die Bundesregierung wird ermächtigt, durch Rechtsverordnung mit Zustimmung des Bundesrates Vorschriften über den näheren Inhalt und das Verfahren zur Aufstellung und Anpassung von Mietspiegeln zu erlassen.
-

§ 558d Qualifizierter Mietspiegel

(1) Ein qualifizierter Mietspiegel ist ein Mietspiegel, der nach anerkannten wissenschaftlichen Grundsätzen erstellt und von der Gemeinde oder von Interessenvertretern der Vermieter und der Mieter anerkannt worden ist.
(2) Der qualifizierte Mietspiegel ist im Abstand von zwei Jahren der Marktentwicklung anzupassen. Dabei kann eine Stichprobe oder die Entwicklung des vom Statistischen Bundesamt ermittelten Preisindexes für die Lebenshaltung aller privaten Haushalte in Deutschland zugrunde gelegt werden. Nach vier Jahren ist der qualifizierte Mietspiegel neu zu erstellen.
(3) Ist die Vorschrift des Absatzes 2 eingehalten, so wird vermutet, dass die im qualifizierten Mietspiegel bezeichneten Entgelte die ortsübliche Vergleichsmiete wiedergeben.
-

§ 558e Mietdatenbank

Eine Mietdatenbank ist eine zur Ermittlung der ortsüblichen Vergleichsmiete fortlaufend geführte Sammlung von Mieten, die von der Gemeinde oder von Interessenvertretern der Vermieter und der Mieter gemeinsam geführt oder anerkannt wird und aus der Auskünfte gegeben werden, die für einzelne Wohnungen einen Schluss auf die ortsübliche Vergleichsmiete zulassen.
-

§ 559 Mieterhöhung nach Modernisierungsmaßnahmen

(1) Hat der Vermieter Modernisierungsmaßnahmen im Sinne des § 555b Nummer 1, 3, 4, 5 oder 6 durchgeführt, so kann er die jährliche Miete um 11 Prozent der für die Wohnung aufgewendeten Kosten erhöhen.
(2) Kosten, die für Erhaltungsmaßnahmen erforderlich gewesen wären, gehören nicht zu den aufgewendeten Kosten nach Absatz 1; sie sind, soweit erforderlich, durch Schätzung zu ermitteln.
(3) Werden Modernisierungsmaßnahmen für mehrere Wohnungen durchgeführt, so sind die Kosten angemessen auf die einzelnen Wohnungen aufzuteilen.
(4) Die Mieterhöhung ist ausgeschlossen, soweit sie auch unter Berücksichtigung der voraussichtlichen künftigen Betriebskosten für den Mieter eine Härte bedeuten würde, die auch unter Würdigung der berechtigten Interessen des Vermieters nicht zu rechtfertigen ist. Eine Abwägung nach Satz 1 findet nicht statt, wenn
1.
    die Mietsache lediglich in einen Zustand versetzt wurde, der allgemein üblich ist, oder
2.
    die Modernisierungsmaßnahme auf Grund von Umständen durchgeführt wurde, die der Vermieter nicht zu vertreten hatte.
(5) Umstände, die eine Härte nach Absatz 4 Satz 1 begründen, sind nur zu berücksichtigen, wenn sie nach § 555d Absatz 3 bis 5 rechtzeitig mitgeteilt worden sind. Die Bestimmungen über die Ausschlussfrist nach Satz 1 sind nicht anzuwenden, wenn die tatsächliche Mieterhöhung die angekündigte um mehr als 10 Prozent übersteigt.
(6) Eine zum Nachteil des Mieters abweichende Vereinbarung ist unwirksam.
-

§ 559a Anrechnung von Drittmitteln

(1) Kosten, die vom Mieter oder für diesen von einem Dritten übernommen oder die mit Zuschüssen aus öffentlichen Haushalten gedeckt werden, gehören nicht zu den aufgewendeten Kosten im Sinne des § 559.

(2) Werden die Kosten für die Modernisierungsmaßnahmen ganz oder teilweise durch zinsverbilligte oder zinslose Darlehen aus öffentlichen Haushalten gedeckt, so verringert sich der Erhöhungsbetrag nach § 559 um den Jahresbetrag der Zinsermäßigung. Dieser wird errechnet aus dem Unterschied zwischen dem ermäßigten Zinssatz und dem marktüblichen Zinssatz für den Ursprungsbetrag des Darlehens. Maßgebend ist der marktübliche Zinssatz für erstrangige Hypotheken zum Zeitpunkt der Beendigung der Modernisierungsmaßnahmen. Werden Zuschüsse oder Darlehen zur Deckung von laufenden Aufwendungen gewährt, so verringert sich der Erhöhungsbetrag um den Jahresbetrag des Zuschusses oder Darlehens.

(3) Ein Mieterdarlehen, eine Mietvorauszahlung oder eine von einem Dritten für den Mieter erbrachte Leistung für die Modernisierungsmaßnahmen stehen einem Darlehen aus öffentlichen Haushalten gleich. Mittel der Finanzierungsinstitute des Bundes oder eines Landes gelten als Mittel aus öffentlichen Haushalten.

(4) Kann nicht festgestellt werden, in welcher Höhe Zuschüsse oder Darlehen für die einzelnen Wohnungen gewährt worden sind, so sind sie nach dem Verhältnis der für die einzelnen Wohnungen aufgewendeten Kosten aufzuteilen.

(5) Eine zum Nachteil des Mieters abweichende Vereinbarung ist unwirksam.

-

§ 559b Geltendmachung der Erhöhung, Wirkung der Erhöhungserklärung

(1) Die Mieterhöhung nach § 559 ist dem Mieter in Textform zu erklären. Die Erklärung ist nur wirksam, wenn in ihr die Erhöhung auf Grund der entstandenen Kosten berechnet und entsprechend den Voraussetzungen der §§ 559 und 559a erläutert wird. § 555c Absatz 3 gilt entsprechend.

(2) Der Mieter schuldet die erhöhte Miete mit Beginn des dritten Monats nach dem Zugang der Erklärung. Die Frist verlängert sich um sechs Monate, wenn

1.

   der Vermieter dem Mieter die Modernisierungsmaßnahme nicht nach den Vorschriften des § 555c Absatz 1 und 3 bis 5 angekündigt hat oder

2.

   die tatsächliche Mieterhöhung die angekündigte um mehr als 10 Prozent übersteigt.

(3) Eine zum Nachteil des Mieters abweichende Vereinbarung ist unwirksam.

-

§ 560 Veränderungen von Betriebskosten

(1) Bei einer Betriebskostenpauschale ist der Vermieter berechtigt, Erhöhungen der Betriebskosten durch Erklärung in Textform anteilig auf den Mieter umzulegen, soweit dies im Mietvertrag vereinbart ist. Die Erklärung ist nur wirksam, wenn in ihr der Grund für die Umlage bezeichnet und erläutert wird.

(2) Der Mieter schuldet den auf ihn entfallenden Teil der Umlage mit Beginn des auf die Erklärung folgenden übernächsten Monats. Soweit die Erklärung darauf beruht, dass sich die Betriebskosten rückwirkend erhöht haben, wirkt sie auf den Zeitpunkt der Erhöhung der Betriebskosten, höchstens jedoch auf den Beginn des der Erklärung vorausgehenden Kalenderjahres zurück, sofern der Vermieter die Erklärung innerhalb von drei Monaten nach Kenntnis von der Erhöhung abgibt.

(3) Ermäßigen sich die Betriebskosten, so ist eine Betriebskostenpauschale vom Zeitpunkt der Ermäßigung an entsprechend herabzusetzen. Die Ermäßigung ist dem Mieter unverzüglich mitzuteilen.

(4) Sind Betriebskostenvorauszahlungen vereinbart worden, so kann jede Vertragspartei nach

einer Abrechnung durch Erklärung in Textform eine Anpassung auf eine angemessene Höhe vornehmen.

(5) Bei Veränderungen von Betriebskosten ist der Grundsatz der Wirtschaftlichkeit zu beachten.

(6) Eine zum Nachteil des Mieters abweichende Vereinbarung ist unwirksam.

-

§ 561 Sonderkündigungsrecht des Mieters nach Mieterhöhung

(1) Macht der Vermieter eine Mieterhöhung nach § 558 oder § 559 geltend, so kann der Mieter bis zum Ablauf des zweiten Monats nach dem Zugang der Erklärung des Vermieters das Mietverhältnis außerordentlich zum Ablauf des übernächsten Monats kündigen. Kündigt der Mieter, so tritt die Mieterhöhung nicht ein.

(2) Eine zum Nachteil des Mieters abweichende Vereinbarung ist unwirksam.

Kapitel 3
Pfandrecht des Vermieters

-

§ 562 Umfang des Vermieterpfandrechts

(1) Der Vermieter hat für seine Forderungen aus dem Mietverhältnis ein Pfandrecht an den eingebrachten Sachen des Mieters. Es erstreckt sich nicht auf die Sachen, die der Pfändung nicht unterliegen.

(2) Für künftige Entschädigungsforderungen und für die Miete für eine spätere Zeit als das laufende und das folgende Mietjahr kann das Pfandrecht nicht geltend gemacht werden.

-

§ 562a Erlöschen des Vermieterpfandrechts

Das Pfandrecht des Vermieters erlischt mit der Entfernung der Sachen von dem Grundstück, außer wenn diese ohne Wissen oder unter Widerspruch des Vermieters erfolgt. Der Vermieter kann nicht widersprechen, wenn sie den gewöhnlichen Lebensverhältnissen entspricht oder wenn die zurückbleibenden Sachen zur Sicherung des Vermieters offenbar ausreichen.

-

§ 562b Selbsthilferecht, Herausgabeanspruch

(1) Der Vermieter darf die Entfernung der Sachen, die seinem Pfandrecht unterliegen, auch ohne Anrufen des Gerichts verhindern, soweit er berechtigt ist, der Entfernung zu widersprechen. Wenn der Mieter auszieht, darf der Vermieter diese Sachen in seinen Besitz nehmen.

(2) Sind die Sachen ohne Wissen oder unter Widerspruch des Vermieters entfernt worden, so kann er die Herausgabe zum Zwecke der Zurückschaffung auf das Grundstück und, wenn der Mieter ausgezogen ist, die Überlassung des Besitzes verlangen. Das Pfandrecht erlischt mit dem Ablauf eines Monats, nachdem der Vermieter von der Entfernung der Sachen Kenntnis erlangt hat, wenn er diesen Anspruch nicht vorher gerichtlich geltend gemacht hat.

-

§ 562c Abwendung des Pfandrechts durch Sicherheitsleistung

Der Mieter kann die Geltendmachung des Pfandrechts des Vermieters durch Sicherheitsleistung abwenden. Er kann jede einzelne Sache dadurch von dem Pfandrecht befreien, dass er in Höhe ihres Wertes Sicherheit leistet.

§ 562d Pfändung durch Dritte

Wird eine Sache, die dem Pfandrecht des Vermieters unterliegt, für einen anderen Gläubiger gepfändet, so kann diesem gegenüber das Pfandrecht nicht wegen der Miete für eine frühere Zeit als das letzte Jahr vor der Pfändung geltend gemacht werden.

Kapitel 4
Wechsel der Vertragsparteien

§ 563 Eintrittsrecht bei Tod des Mieters

(1) Der Ehegatte oder Lebenspartner, der mit dem Mieter einen gemeinsamen Haushalt führt, tritt mit dem Tod des Mieters in das Mietverhältnis ein.
(2) Leben in dem gemeinsamen Haushalt Kinder des Mieters, treten diese mit dem Tod des Mieters in das Mietverhältnis ein, wenn nicht der Ehegatte oder Lebenspartner eintritt. Andere Familienangehörige, die mit dem Mieter einen gemeinsamen Haushalt führen, treten mit dem Tod des Mieters in das Mietverhältnis ein, wenn nicht der Ehegatte oder der Lebenspartner eintritt. Dasselbe gilt für Personen, die mit dem Mieter einen auf Dauer angelegten gemeinsamen Haushalt führen.
(3) Erklären eingetretene Personen im Sinne des Absatzes 1 oder 2 innerhalb eines Monats, nachdem sie vom Tod des Mieters Kenntnis erlangt haben, dem Vermieter, dass sie das Mietverhältnis nicht fortsetzen wollen, gilt der Eintritt als nicht erfolgt. Für geschäftsunfähige oder in der Geschäftsfähigkeit beschränkte Personen gilt § 210 entsprechend. Sind mehrere Personen in das Mietverhältnis eingetreten, so kann jeder die Erklärung für sich abgeben.
(4) Der Vermieter kann das Mietverhältnis innerhalb eines Monats, nachdem er von dem endgültigen Eintritt in das Mietverhältnis Kenntnis erlangt hat, außerordentlich mit der gesetzlichen Frist kündigen, wenn in der Person des Eingetretenen ein wichtiger Grund vorliegt.
(5) Eine abweichende Vereinbarung zum Nachteil des Mieters oder solcher Personen, die nach Absatz 1 oder 2 eintrittsberechtigt sind, ist unwirksam.

§ 563a Fortsetzung mit überlebenden Mietern

(1) Sind mehrere Personen im Sinne des § 563 gemeinsam Mieter, so wird das Mietverhältnis beim Tod eines Mieters mit den überlebenden Mietern fortgesetzt.
(2) Die überlebenden Mieter können das Mietverhältnis innerhalb eines Monats, nachdem sie vom Tod des Mieters Kenntnis erlangt haben, außerordentlich mit der gesetzlichen Frist kündigen.
(3) Eine abweichende Vereinbarung zum Nachteil der Mieter ist unwirksam.

§ 563b Haftung bei Eintritt oder Fortsetzung

(1) Die Personen, die nach § 563 in das Mietverhältnis eingetreten sind oder mit denen es nach § 563a fortgesetzt wird, haften neben dem Erben für die bis zum Tod des Mieters entstandenen Verbindlichkeiten als Gesamtschuldner. Im Verhältnis zu diesen Personen haftet der Erbe allein, soweit nichts anderes bestimmt ist.
(2) Hat der Mieter die Miete für einen nach seinem Tod liegenden Zeitraum im Voraus entrichtet, sind die Personen, die nach § 563 in das Mietverhältnis eingetreten sind oder mit denen es nach § 563a fortgesetzt wird, verpflichtet, dem Erben dasjenige herauszugeben, was sie infolge der

Vorausentrichtung der Miete ersparen oder erlangen.

(3) Der Vermieter kann, falls der verstorbene Mieter keine Sicherheit geleistet hat, von den Personen, die nach § 563 in das Mietverhältnis eingetreten sind oder mit denen es nach § 563a fortgesetzt wird, nach Maßgabe des § 551 eine Sicherheitsleistung verlangen.

-

§ 564 Fortsetzung des Mietverhältnisses mit dem Erben, außerordentliche Kündigung

Treten beim Tod des Mieters keine Personen im Sinne des § 563 in das Mietverhältnis ein oder wird es nicht mit ihnen nach § 563a fortgesetzt, so wird es mit dem Erben fortgesetzt. In diesem Fall ist sowohl der Erbe als auch der Vermieter berechtigt, das Mietverhältnis innerhalb eines Monats außerordentlich mit der gesetzlichen Frist zu kündigen, nachdem sie vom Tod des Mieters und davon Kenntnis erlangt haben, dass ein Eintritt in das Mietverhältnis oder dessen Fortsetzung nicht erfolgt sind.

-

§ 565 Gewerbliche Weitervermietung

(1) Soll der Mieter nach dem Mietvertrag den gemieteten Wohnraum gewerblich einem Dritten zu Wohnzwecken weitervermieten, so tritt der Vermieter bei der Beendigung des Mietverhältnisses in die Rechte und Pflichten aus dem Mietverhältnis zwischen dem Mieter und dem Dritten ein. Schließt der Vermieter erneut einen Mietvertrag zur gewerblichen Weitervermietung ab, so tritt der Mieter anstelle der bisherigen Vertragspartei in die Rechte und Pflichten aus dem Mietverhältnis mit dem Dritten ein.

(2) Die §§ 566a bis 566e gelten entsprechend.

(3) Eine zum Nachteil des Dritten abweichende Vereinbarung ist unwirksam.

-

§ 566 Kauf bricht nicht Miete

(1) Wird der vermietete Wohnraum nach der Überlassung an den Mieter von dem Vermieter an einen Dritten veräußert, so tritt der Erwerber anstelle des Vermieters in die sich während der Dauer seines Eigentums aus dem Mietverhältnis ergebenden Rechte und Pflichten ein.

(2) Erfüllt der Erwerber die Pflichten nicht, so haftet der Vermieter für den von dem Erwerber zu ersetzenden Schaden wie ein Bürge, der auf die Einrede der Vorausklage verzichtet hat. Erlangt der Mieter von dem Übergang des Eigentums durch Mitteilung des Vermieters Kenntnis, so wird der Vermieter von der Haftung befreit, wenn nicht der Mieter das Mietverhältnis zum ersten Termin kündigt, zu dem die Kündigung zulässig ist.

-

§ 566a Mietsicherheit

Hat der Mieter des veräußerten Wohnraums dem Vermieter für die Erfüllung seiner Pflichten Sicherheit geleistet, so tritt der Erwerber in die dadurch begründeten Rechte und Pflichten ein. Kann bei Beendigung des Mietverhältnisses der Mieter die Sicherheit von dem Erwerber nicht erlangen, so ist der Vermieter weiterhin zur Rückgewähr verpflichtet.

-

§ 566b Vorausverfügung über die Miete

(1) Hat der Vermieter vor dem Übergang des Eigentums über die Miete verfügt, die auf die Zeit der Berechtigung des Erwerbers entfällt, so ist die Verfügung wirksam, soweit sie sich auf die Miete für

den zur Zeit des Eigentumsübergangs laufenden Kalendermonat bezieht. Geht das Eigentum nach dem 15. Tag des Monats über, so ist die Verfügung auch wirksam, soweit sie sich auf die Miete für den folgenden Kalendermonat bezieht.

(2) Eine Verfügung über die Miete für eine spätere Zeit muss der Erwerber gegen sich gelten lassen, wenn er sie zur Zeit des Übergangs des Eigentums kennt.

-

§ 566c Vereinbarung zwischen Mieter und Vermieter über die Miete

Ein Rechtsgeschäft, das zwischen dem Mieter und dem Vermieter über die Mietforderung vorgenommen wird, insbesondere die Entrichtung der Miete, ist dem Erwerber gegenüber wirksam, soweit es sich nicht auf die Miete für eine spätere Zeit als den Kalendermonat bezieht, in welchem der Mieter von dem Übergang des Eigentums Kenntnis erlangt. Erlangt der Mieter die Kenntnis nach dem 15. Tag des Monats, so ist das Rechtsgeschäft auch wirksam, soweit es sich auf die Miete für den folgenden Kalendermonat bezieht. Ein Rechtsgeschäft, das nach dem Übergang des Eigentums vorgenommen wird, ist jedoch unwirksam, wenn der Mieter bei der Vornahme des Rechtsgeschäfts von dem Übergang des Eigentums Kenntnis hat.

-

§ 566d Aufrechnung durch den Mieter

Soweit die Entrichtung der Miete an den Vermieter nach § 566c dem Erwerber gegenüber wirksam ist, kann der Mieter gegen die Mietforderung des Erwerbers eine ihm gegen den Vermieter zustehende Forderung aufrechnen. Die Aufrechnung ist ausgeschlossen, wenn der Mieter die Gegenforderung erworben hat, nachdem er von dem Übergang des Eigentums Kenntnis erlangt hat, oder wenn die Gegenforderung erst nach der Erlangung der Kenntnis und später als die Miete fällig geworden ist.

-

§ 566e Mitteilung des Eigentumsübergangs durch den Vermieter

(1) Teilt der Vermieter dem Mieter mit, dass er das Eigentum an dem vermieteten Wohnraum auf einen Dritten übertragen hat, so muss er in Ansehung der Mietforderung dem Mieter gegenüber die mitgeteilte Übertragung gegen sich gelten lassen, auch wenn sie nicht erfolgt oder nicht wirksam ist.

(2) Die Mitteilung kann nur mit Zustimmung desjenigen zurückgenommen werden, der als der neue Eigentümer bezeichnet worden ist.

-

§ 567 Belastung des Wohnraums durch den Vermieter

Wird der vermietete Wohnraum nach der Überlassung an den Mieter von dem Vermieter mit dem Recht eines Dritten belastet, so sind die §§ 566 bis 566e entsprechend anzuwenden, wenn durch die Ausübung des Rechts dem Mieter der vertragsgemäße Gebrauch entzogen wird. Wird der Mieter durch die Ausübung des Rechts in dem vertragsgemäßen Gebrauch beschränkt, so ist der Dritte dem Mieter gegenüber verpflichtet, die Ausübung zu unterlassen, soweit sie den vertragsgemäßen Gebrauch beeinträchtigen würde.

-

§ 567a Veräußerung oder Belastung vor der Überlassung des Wohnraums

Hat vor der Überlassung des vermieteten Wohnraums an den Mieter der Vermieter den Wohnraum an einen Dritten veräußert oder mit einem Recht belastet, durch dessen Ausübung der vertragsgemäße Gebrauch dem Mieter entzogen oder beschränkt wird, so gilt das Gleiche wie in den Fällen des § 566 Abs. 1 und des § 567, wenn der Erwerber dem Vermieter gegenüber die Erfüllung der sich aus dem Mietverhältnis ergebenden Pflichten übernommen hat.

-

§ 567b Weiterveräußerung oder Belastung durch Erwerber

Wird der vermietete Wohnraum von dem Erwerber weiterveräußert oder belastet, so sind § 566 Abs. 1 und die §§ 566a bis 567a entsprechend anzuwenden. Erfüllt der neue Erwerber die sich aus dem Mietverhältnis ergebenden Pflichten nicht, so haftet der Vermieter dem Mieter nach § 566 Abs. 2.

Kapitel 5
Beendigung des Mietverhältnisses

Unterkapitel 1
Allgemeine Vorschriften

-

§ 568 Form und Inhalt der Kündigung

(1) Die Kündigung des Mietverhältnisses bedarf der schriftlichen Form.
(2) Der Vermieter soll den Mieter auf die Möglichkeit, die Form und die Frist des Widerspruchs nach den §§ 574 bis 574b rechtzeitig hinweisen.

-

§ 569 Außerordentliche fristlose Kündigung aus wichtigem Grund

(1) Ein wichtiger Grund im Sinne des § 543 Abs. 1 liegt für den Mieter auch vor, wenn der gemietete Wohnraum so beschaffen ist, dass seine Benutzung mit einer erheblichen Gefährdung der Gesundheit verbunden ist. Dies gilt auch, wenn der Mieter die Gefahr bringende Beschaffenheit bei Vertragsschluss gekannt oder darauf verzichtet hat, die ihm wegen dieser Beschaffenheit zustehenden Rechte geltend zu machen.
(2) Ein wichtiger Grund im Sinne des § 543 Abs. 1 liegt ferner vor, wenn eine Vertragspartei den Hausfrieden nachhaltig stört, so dass dem Kündigenden unter Berücksichtigung aller Umstände des Einzelfalls, insbesondere eines Verschuldens der Vertragsparteien, und unter Abwägung der beiderseitigen Interessen die Fortsetzung des Mietverhältnisses bis zum Ablauf der Kündigungsfrist oder bis zur sonstigen Beendigung des Mietverhältnisses nicht zugemutet werden kann.
(2a) Ein wichtiger Grund im Sinne des § 543 Absatz 1 liegt ferner vor, wenn der Mieter mit einer Sicherheitsleistung nach § 551 in Höhe eines Betrages im Verzug ist, der der zweifachen Monatsmiete entspricht. Die als Pauschale oder als Vorauszahlung ausgewiesenen Betriebskosten sind bei der Berechnung der Monatsmiete nach Satz 1 nicht zu berücksichtigen. Einer Abhilfefrist oder einer Abmahnung nach § 543 Absatz 3 Satz 1 bedarf es nicht. Absatz 3 Nummer 2 Satz 1 sowie § 543 Absatz 2 Satz 2 sind entsprechend anzuwenden.
(3) Ergänzend zu § 543 Abs. 2 Satz 1 Nr. 3 gilt:
1.
> Im Falle des § 543 Abs. 2 Satz 1 Nr. 3 Buchstabe a ist der rückständige Teil der Miete nur dann als nicht unerheblich anzusehen, wenn er die Miete für einen Monat übersteigt. Dies gilt nicht, wenn der Wohnraum nur zum vorübergehenden Gebrauch vermietet ist.
2.

Die Kündigung wird auch dann unwirksam, wenn der Vermieter spätestens bis zum Ablauf von zwei Monaten nach Eintritt der Rechtshängigkeit des Räumungsanspruchs hinsichtlich der fälligen Miete und der fälligen Entschädigung nach § 546a Abs. 1 befriedigt wird oder sich eine öffentliche Stelle zur Befriedigung verpflichtet. Dies gilt nicht, wenn der Kündigung vor nicht länger als zwei Jahren bereits eine nach Satz 1 unwirksam gewordene Kündigung vorausgegangen ist.

3. Ist der Mieter rechtskräftig zur Zahlung einer erhöhten Miete nach den §§ 558 bis 560 verurteilt worden, so kann der Vermieter das Mietverhältnis wegen Zahlungsverzugs des Mieters nicht vor Ablauf von zwei Monaten nach rechtskräftiger Verurteilung kündigen, wenn nicht die Voraussetzungen der außerordentlichen fristlosen Kündigung schon wegen der bisher geschuldeten Miete erfüllt sind.
(4) Der zur Kündigung führende wichtige Grund ist in dem Kündigungsschreiben anzugeben.
(5) Eine Vereinbarung, die zum Nachteil des Mieters von den Absätzen 1 bis 3 dieser Vorschrift oder von § 543 abweicht, ist unwirksam. Ferner ist eine Vereinbarung unwirksam, nach der der Vermieter berechtigt sein soll, aus anderen als den im Gesetz zugelassenen Gründen außerordentlich fristlos zu kündigen.

-

§ 570 Ausschluss des Zurückbehaltungsrechts

Dem Mieter steht kein Zurückbehaltungsrecht gegen den Rückgabeanspruch des Vermieters zu.

-

§ 571 Weiterer Schadensersatz bei verspäteter Rückgabe von Wohnraum

(1) Gibt der Mieter den gemieteten Wohnraum nach Beendigung des Mietverhältnisses nicht zurück, so kann der Vermieter einen weiteren Schaden im Sinne des § 546a Abs. 2 nur geltend machen, wenn die Rückgabe infolge von Umständen unterblieben ist, die der Mieter zu vertreten hat. Der Schaden ist nur insoweit zu ersetzen, als die Billigkeit eine Schadloshaltung erfordert. Dies gilt nicht, wenn der Mieter gekündigt hat.
(2) Wird dem Mieter nach § 721 oder § 794a der Zivilprozessordnung eine Räumungsfrist gewährt, so ist er für die Zeit von der Beendigung des Mietverhältnisses bis zum Ablauf der Räumungsfrist zum Ersatz eines weiteren Schadens nicht verpflichtet.
(3) Eine zum Nachteil des Mieters abweichende Vereinbarung ist unwirksam.

-

§ 572 Vereinbartes Rücktrittsrecht; Mietverhältnis unter auflösender Bedingung

(1) Auf eine Vereinbarung, nach der der Vermieter berechtigt sein soll, nach Überlassung des Wohnraums an den Mieter vom Vertrag zurückzutreten, kann der Vermieter sich nicht berufen.
(2) Ferner kann der Vermieter sich nicht auf eine Vereinbarung berufen, nach der das Mietverhältnis zum Nachteil des Mieters auflösend bedingt ist.

Unterkapitel 2
Mietverhältnisse auf unbestimmte Zeit

-

§ 573 Ordentliche Kündigung des Vermieters

(1) Der Vermieter kann nur kündigen, wenn er ein berechtigtes Interesse an der Beendigung des Mietverhältnisses hat. Die Kündigung zum Zwecke der Mieterhöhung ist ausgeschlossen.

(2) Ein berechtigtes Interesse des Vermieters an der Beendigung des Mietverhältnisses liegt insbesondere vor, wenn

1.

der Mieter seine vertraglichen Pflichten schuldhaft nicht unerheblich verletzt hat,

2.

der Vermieter die Räume als Wohnung für sich, seine Familienangehörigen oder Angehörige seines Haushalts benötigt oder

3.

der Vermieter durch die Fortsetzung des Mietverhältnisses an einer angemessenen wirtschaftlichen Verwertung des Grundstücks gehindert und dadurch erhebliche Nachteile erleiden würde; die Möglichkeit, durch eine anderweitige Vermietung als Wohnraum eine höhere Miete zu erzielen, bleibt außer Betracht; der Vermieter kann sich auch nicht darauf berufen, dass er die Mieträume im Zusammenhang mit einer beabsichtigten oder nach Überlassung an den Mieter erfolgten Begründung von Wohnungseigentum veräußern will.

(3) Die Gründe für ein berechtigtes Interesse des Vermieters sind in dem Kündigungsschreiben anzugeben. Andere Gründe werden nur berücksichtigt, soweit sie nachträglich entstanden sind.

(4) Eine zum Nachteil des Mieters abweichende Vereinbarung ist unwirksam.

-

§ 573a Erleichterte Kündigung des Vermieters

(1) Ein Mietverhältnis über eine Wohnung in einem vom Vermieter selbst bewohnten Gebäude mit nicht mehr als zwei Wohnungen kann der Vermieter auch kündigen, ohne dass es eines berechtigten Interesses im Sinne des § 573 bedarf. Die Kündigungsfrist verlängert sich in diesem Fall um drei Monate.

(2) Absatz 1 gilt entsprechend für Wohnraum innerhalb der vom Vermieter selbst bewohnten Wohnung, sofern der Wohnraum nicht nach § 549 Abs. 2 Nr. 2 vom Mieterschutz ausgenommen ist.

(3) In dem Kündigungsschreiben ist anzugeben, dass die Kündigung auf die Voraussetzungen des Absatzes 1 oder 2 gestützt wird.

(4) Eine zum Nachteil des Mieters abweichende Vereinbarung ist unwirksam.

-

§ 573b Teilkündigung des Vermieters

(1) Der Vermieter kann nicht zum Wohnen bestimmte Nebenräume oder Teile eines Grundstücks ohne ein berechtigtes Interesse im Sinne des § 573 kündigen, wenn er die Kündigung auf diese Räume oder Grundstücksteile beschränkt und sie dazu verwenden will,

1.

Wohnraum zum Zwecke der Vermietung zu schaffen oder

2.

den neu zu schaffenden und den vorhandenen Wohnraum mit Nebenräumen oder Grundstücksteilen auszustatten.

(2) Die Kündigung ist spätestens am dritten Werktag eines Kalendermonats zum Ablauf des übernächsten Monats zulässig.

(3) Verzögert sich der Beginn der Bauarbeiten, so kann der Mieter eine Verlängerung des Mietverhältnisses um einen entsprechenden Zeitraum verlangen.

(4) Der Mieter kann eine angemessene Senkung der Miete verlangen.

(5) Eine zum Nachteil des Mieters abweichende Vereinbarung ist unwirksam.

-

§ 573c Fristen der ordentlichen Kündigung

(1) Die Kündigung ist spätestens am dritten Werktag eines Kalendermonats zum Ablauf des übernächsten Monats zulässig. Die Kündigungsfrist für den Vermieter verlängert sich nach fünf und acht Jahren seit der Überlassung des Wohnraums um jeweils drei Monate.
(2) Bei Wohnraum, der nur zum vorübergehenden Gebrauch vermietet worden ist, kann eine kürzere Kündigungsfrist vereinbart werden.
(3) Bei Wohnraum nach § 549 Abs. 2 Nr. 2 ist die Kündigung spätestens am 15. eines Monats zum Ablauf dieses Monats zulässig.
(4) Eine zum Nachteil des Mieters von Absatz 1 oder 3 abweichende Vereinbarung ist unwirksam.

-

§ 573d Außerordentliche Kündigung mit gesetzlicher Frist

(1) Kann ein Mietverhältnis außerordentlich mit der gesetzlichen Frist gekündigt werden, so gelten mit Ausnahme der Kündigung gegenüber Erben des Mieters nach § 564 die §§ 573 und 573a entsprechend.
(2) Die Kündigung ist spätestens am dritten Werktag eines Kalendermonats zum Ablauf des übernächsten Monats zulässig, bei Wohnraum nach § 549 Abs. 2 Nr. 2 spätestens am 15. eines Monats zum Ablauf dieses Monats (gesetzliche Frist). § 573a Abs. 1 Satz 2 findet keine Anwendung.
(3) Eine zum Nachteil des Mieters abweichende Vereinbarung ist unwirksam.

-

§ 574 Widerspruch des Mieters gegen die Kündigung

(1) Der Mieter kann der Kündigung des Vermieters widersprechen und von ihm die Fortsetzung des Mietverhältnisses verlangen, wenn die Beendigung des Mietverhältnisses für den Mieter, seine Familie oder einen anderen Angehörigen seines Haushalts eine Härte bedeuten würde, die auch unter Würdigung der berechtigten Interessen des Vermieters nicht zu rechtfertigen ist. Dies gilt nicht, wenn ein Grund vorliegt, der den Vermieter zur außerordentlichen fristlosen Kündigung berechtigt.
(2) Eine Härte liegt auch vor, wenn angemessener Ersatzwohnraum zu zumutbaren Bedingungen nicht beschafft werden kann.
(3) Bei der Würdigung der berechtigten Interessen des Vermieters werden nur die in dem Kündigungsschreiben nach § 573 Abs. 3 angegebenen Gründe berücksichtigt, außer wenn die Gründe nachträglich entstanden sind.
(4) Eine zum Nachteil des Mieters abweichende Vereinbarung ist unwirksam.

-

§ 574a Fortsetzung des Mietverhältnisses nach Widerspruch

(1) Im Falle des § 574 kann der Mieter verlangen, dass das Mietverhältnis so lange fortgesetzt wird, wie dies unter Berücksichtigung aller Umstände angemessen ist. Ist dem Vermieter nicht zuzumuten, das Mietverhältnis zu den bisherigen Vertragsbedingungen fortzusetzen, so kann der Mieter nur verlangen, dass es unter einer angemessenen Änderung der Bedingungen fortgesetzt wird.
(2) Kommt keine Einigung zustande, so werden die Fortsetzung des Mietverhältnisses, deren Dauer sowie die Bedingungen, zu denen es fortgesetzt wird, durch Urteil bestimmt. Ist ungewiss, wann voraussichtlich die Umstände wegfallen, auf Grund derer die Beendigung des Mietverhältnisses eine Härte bedeutet, so kann bestimmt werden, dass das Mietverhältnis auf unbestimmte Zeit fortgesetzt wird.
(3) Eine zum Nachteil des Mieters abweichende Vereinbarung ist unwirksam.

-

§ 574b Form und Frist des Widerspruchs

(1) Der Widerspruch des Mieters gegen die Kündigung ist schriftlich zu erklären. Auf Verlangen des Vermieters soll der Mieter über die Gründe des Widerspruchs unverzüglich Auskunft erteilen.
(2) Der Vermieter kann die Fortsetzung des Mietverhältnisses ablehnen, wenn der Mieter ihm den Widerspruch nicht spätestens zwei Monate vor der Beendigung des Mietverhältnisses erklärt hat. Hat der Vermieter nicht rechtzeitig vor Ablauf der Widerspruchsfrist auf die Möglichkeit des Widerspruchs sowie auf dessen Form und Frist hingewiesen, so kann der Mieter den Widerspruch noch im ersten Termin des Räumungsrechtsstreits erklären.
(3) Eine zum Nachteil des Mieters abweichende Vereinbarung ist unwirksam.

-

§ 574c Weitere Fortsetzung des Mietverhältnisses bei unvorhergesehenen Umständen

(1) Ist auf Grund der §§ 574 bis 574b durch Einigung oder Urteil bestimmt worden, dass das Mietverhältnis auf bestimmte Zeit fortgesetzt wird, so kann der Mieter dessen weitere Fortsetzung nur verlangen, wenn dies durch eine wesentliche Änderung der Umstände gerechtfertigt ist oder wenn Umstände nicht eingetreten sind, deren vorgesehener Eintritt für die Zeitdauer der Fortsetzung bestimmend gewesen war.
(2) Kündigt der Vermieter ein Mietverhältnis, dessen Fortsetzung auf unbestimmte Zeit durch Urteil bestimmt worden ist, so kann der Mieter der Kündigung widersprechen und vom Vermieter verlangen, das Mietverhältnis auf unbestimmte Zeit fortzusetzen. Haben sich die Umstände verändert, die für die Fortsetzung bestimmend gewesen waren, so kann der Mieter eine Fortsetzung des Mietverhältnisses nur nach § 574 verlangen; unerhebliche Veränderungen bleiben außer Betracht.
(3) Eine zum Nachteil des Mieters abweichende Vereinbarung ist unwirksam.

Unterkapitel 3
Mietverhältnisse auf bestimmte Zeit

-

§ 575 Zeitmietvertrag

(1) Ein Mietverhältnis kann auf bestimmte Zeit eingegangen werden, wenn der Vermieter nach Ablauf der Mietzeit

1.

   die Räume als Wohnung für sich, seine Familienangehörigen oder Angehörige seines Haushalts nutzen will,

2.

   in zulässiger Weise die Räume beseitigen oder so wesentlich verändern oder instand setzen will, dass die Maßnahmen durch eine Fortsetzung des Mietverhältnisses erheblich erschwert würden, oder

3.

   die Räume an einen zur Dienstleistung Verpflichteten vermieten will
und er dem Mieter den Grund der Befristung bei Vertragsschluss schriftlich mitteilt. Anderenfalls gilt das Mietverhältnis als auf unbestimmte Zeit abgeschlossen.
(2) Der Mieter kann vom Vermieter frühestens vier Monate vor Ablauf der Befristung verlangen, dass dieser ihm binnen eines Monats mitteilt, ob der Befristungsgrund noch besteht. Erfolgt die Mitteilung später, so kann der Mieter eine Verlängerung des Mietverhältnisses um den Zeitraum der Verspätung verlangen.
(3) Tritt der Grund der Befristung erst später ein, so kann der Mieter eine Verlängerung des Mietverhältnisses um einen entsprechenden Zeitraum verlangen. Entfällt der Grund, so kann der Mieter eine Verlängerung auf unbestimmte Zeit verlangen. Die Beweislast für den Eintritt des

Befristungsgrundes und die Dauer der Verzögerung trifft den Vermieter.

(4) Eine zum Nachteil des Mieters abweichende Vereinbarung ist unwirksam.

–

§ 575a Außerordentliche Kündigung mit gesetzlicher Frist

(1) Kann ein Mietverhältnis, das auf bestimmte Zeit eingegangen ist, außerordentlich mit der gesetzlichen Frist gekündigt werden, so gelten mit Ausnahme der Kündigung gegenüber Erben des Mieters nach § 564 die §§ 573 und 573a entsprechend.

(2) Die §§ 574 bis 574c gelten entsprechend mit der Maßgabe, dass die Fortsetzung des Mietverhältnisses höchstens bis zum vertraglich bestimmten Zeitpunkt der Beendigung verlangt werden kann.

(3) Die Kündigung ist spätestens am dritten Werktag eines Kalendermonats zum Ablauf des übernächsten Monats zulässig, bei Wohnraum nach § 549 Abs. 2 Nr. 2 spätestens am 15. eines Monats zum Ablauf dieses Monats (gesetzliche Frist). § 573a Abs. 1 Satz 2 findet keine Anwendung.

(4) Eine zum Nachteil des Mieters abweichende Vereinbarung ist unwirksam.

Unterkapitel 4
Werkwohnungen

–

§ 576 Fristen der ordentlichen Kündigung bei Werkmietwohnungen

(1) Ist Wohnraum mit Rücksicht auf das Bestehen eines Dienstverhältnisses vermietet, so kann der Vermieter nach Beendigung des Dienstverhältnisses abweichend von § 573c Abs. 1 Satz 2 mit folgenden Fristen kündigen:

1.

   bei Wohnraum, der dem Mieter weniger als zehn Jahre überlassen war, spätestens am dritten Werktag eines Kalendermonats zum Ablauf des übernächsten Monats, wenn der Wohnraum für einen anderen zur Dienstleistung Verpflichteten benötigt wird;

2.

   spätestens am dritten Werktag eines Kalendermonats zum Ablauf dieses Monats, wenn das Dienstverhältnis seiner Art nach die Überlassung von Wohnraum erfordert hat, der in unmittelbarer Beziehung oder Nähe zur Arbeitsstätte steht, und der Wohnraum aus dem gleichen Grund für einen anderen zur Dienstleistung Verpflichteten benötigt wird.

(2) Eine zum Nachteil des Mieters abweichende Vereinbarung ist unwirksam.

–

§ 576a Besonderheiten des Widerspruchsrechts bei Werkmietwohnungen

(1) Bei der Anwendung der §§ 574 bis 574c auf Werkmietwohnungen sind auch die Belange des Dienstberechtigten zu berücksichtigen.

(2) Die §§ 574 bis 574c gelten nicht, wenn

1.

   der Vermieter nach § 576 Abs. 1 Nr. 2 gekündigt hat;

2.

   der Mieter das Dienstverhältnis gelöst hat, ohne dass ihm von dem Dienstberechtigten gesetzlich begründeter Anlass dazu gegeben war, oder der Mieter durch sein Verhalten dem Dienstberechtigten gesetzlich begründeten Anlass zur Auflösung des Dienstverhältnisses gegeben hat.

(3) Eine zum Nachteil des Mieters abweichende Vereinbarung ist unwirksam.

§ 576b Entsprechende Geltung des Mietrechts bei Werkdienstwohnungen

(1) Ist Wohnraum im Rahmen eines Dienstverhältnisses überlassen, so gelten für die Beendigung des Rechtsverhältnisses hinsichtlich des Wohnraums die Vorschriften über Mietverhältnisse entsprechend, wenn der zur Dienstleistung Verpflichtete den Wohnraum überwiegend mit Einrichtungsgegenständen ausgestattet hat oder in dem Wohnraum mit seiner Familie oder Personen lebt, mit denen er einen auf Dauer angelegten gemeinsamen Haushalt führt.
(2) Eine zum Nachteil des Mieters abweichende Vereinbarung ist unwirksam.

Kapitel 6
Besonderheiten bei der Bildung von Wohnungseigentum an vermieteten Wohnungen

§ 577 Vorkaufsrecht des Mieters

(1) Werden vermietete Wohnräume, an denen nach der Überlassung an den Mieter Wohnungseigentum begründet worden ist oder begründet werden soll, an einen Dritten verkauft, so ist der Mieter zum Vorkauf berechtigt. Dies gilt nicht, wenn der Vermieter die Wohnräume an einen Familienangehörigen oder an einen Angehörigen seines Haushalts verkauft. Soweit sich nicht aus den nachfolgenden Absätzen etwas anderes ergibt, finden auf das Vorkaufsrecht die Vorschriften über den Vorkauf Anwendung.
(2) Die Mitteilung des Verkäufers oder des Dritten über den Inhalt des Kaufvertrags ist mit einer Unterrichtung des Mieters über sein Vorkaufsrecht zu verbinden.
(3) Die Ausübung des Vorkaufsrechts erfolgt durch schriftliche Erklärung des Mieters gegenüber dem Verkäufer.
(4) Stirbt der Mieter, so geht das Vorkaufsrecht auf diejenigen über, die in das Mietverhältnis nach § 563 Abs. 1 oder 2 eintreten.
(5) Eine zum Nachteil des Mieters abweichende Vereinbarung ist unwirksam.

§ 577a Kündigungsbeschränkung bei Wohnungsumwandlung

(1) Ist an vermieteten Wohnräumen nach der Überlassung an den Mieter Wohnungseigentum begründet und das Wohnungseigentum veräußert worden, so kann sich ein Erwerber auf berechtigte Interessen im Sinne des § 573 Abs. 2 Nr. 2 oder 3 erst nach Ablauf von drei Jahren seit der Veräußerung berufen.
(1a) Die Kündigungsbeschränkung nach Absatz 1 gilt entsprechend, wenn vermieteter Wohnraum nach der Überlassung an den Mieter

1.

    an eine Personengesellschaft oder an mehrere Erwerber veräußert worden ist oder

2.

    zu Gunsten einer Personengesellschaft oder mehrerer Erwerber mit einem Recht belastet worden ist, durch dessen Ausübung dem Mieter der vertragsgemäße Gebrauch entzogen wird.

Satz 1 ist nicht anzuwenden, wenn die Gesellschafter oder Erwerber derselben Familie oder demselben Haushalt angehören oder vor Überlassung des Wohnraums an den Mieter Wohnungseigentum begründet worden ist.
(2) Die Frist nach Absatz 1 oder nach Absatz 1a beträgt bis zu zehn Jahre, wenn die ausreichende Versorgung der Bevölkerung mit Mietwohnungen zu angemessenen Bedingungen in einer Gemeinde oder einem Teil einer Gemeinde besonders gefährdet ist und diese Gebiete nach Satz 2

bestimmt sind. Die Landesregierungen werden ermächtigt, diese Gebiete und die Frist nach Satz 1 durch Rechtsverordnung für die Dauer von jeweils höchstens zehn Jahren zu bestimmen.
(2a) Wird nach einer Veräußerung oder Belastung im Sinne des Absatzes 1a Wohnungseigentum begründet, so beginnt die Frist, innerhalb der eine Kündigung nach § 573 Absatz 2 Nummer 2 oder 3 ausgeschlossen ist, bereits mit der Veräußerung oder Belastung nach Absatz 1a.
(3) Eine zum Nachteil des Mieters abweichende Vereinbarung ist unwirksam.

Untertitel 3
Mietverhältnisse über andere Sachen

-

§ 578 Mietverhältnisse über Grundstücke und Räume

(1) Auf Mietverhältnisse über Grundstücke sind die Vorschriften der §§ 550, 562 bis 562d, 566 bis 567b sowie 570 entsprechend anzuwenden.
(2) Auf Mietverhältnisse über Räume, die keine Wohnräume sind, sind die in Absatz 1 genannten Vorschriften sowie § 552 Abs. 1, § 555a Absatz 1 bis 3, §§ 555b, 555c Absatz 1 bis 4, § 555d Absatz 1 bis 6, § 555e Absatz 1 und 2, § 555f und § 569 Abs. 2 entsprechend anzuwenden. § 556c Absatz 1 und 2 sowie die auf Grund des § 556c Absatz 3 erlassene Rechtsverordnung sind entsprechend anzuwenden, abweichende Vereinbarungen sind zulässig. Sind die Räume zum Aufenthalt von Menschen bestimmt, so gilt außerdem § 569 Abs. 1 entsprechend.

-

§ 578a Mietverhältnisse über eingetragene Schiffe

(1) Die Vorschriften der §§ 566, 566a, 566e bis 567b gelten im Falle der Veräußerung oder Belastung eines im Schiffsregister eingetragenen Schiffs entsprechend.
(2) Eine Verfügung, die der Vermieter vor dem Übergang des Eigentums über die Miete getroffen hat, die auf die Zeit der Berechtigung des Erwerbers entfällt, ist dem Erwerber gegenüber wirksam. Das Gleiche gilt für ein Rechtsgeschäft, das zwischen dem Mieter und dem Vermieter über die Mietforderung vorgenommen wird, insbesondere die Entrichtung der Miete; ein Rechtsgeschäft, das nach dem Übergang des Eigentums vorgenommen wird, ist jedoch unwirksam, wenn der Mieter bei der Vornahme des Rechtsgeschäfts von dem Übergang des Eigentums Kenntnis hat. § 566d gilt entsprechend.

-

§ 579 Fälligkeit der Miete

(1) Die Miete für ein Grundstück und für bewegliche Sachen ist am Ende der Mietzeit zu entrichten. Ist die Miete nach Zeitabschnitten bemessen, so ist sie nach Ablauf der einzelnen Zeitabschnitte zu entrichten. Die Miete für ein Grundstück ist, sofern sie nicht nach kürzeren Zeitabschnitten bemessen ist, jeweils nach Ablauf eines Kalendervierteljahrs am ersten Werktag des folgenden Monats zu entrichten.
(2) Für Mietverhältnisse über Räume gilt § 556b Abs. 1 entsprechend.

-

§ 580 Außerordentliche Kündigung bei Tod des Mieters

Stirbt der Mieter, so ist sowohl der Erbe als auch der Vermieter berechtigt, das Mietverhältnis innerhalb eines Monats, nachdem sie vom Tod des Mieters Kenntnis erlangt haben, außerordentlich mit der gesetzlichen Frist zu kündigen.

-

§ 580a Kündigungsfristen

(1) Bei einem Mietverhältnis über Grundstücke, über Räume, die keine Geschäftsräume sind, ist die ordentliche Kündigung zulässig,

1.

    wenn die Miete nach Tagen bemessen ist, an jedem Tag zum Ablauf des folgenden Tages;

2.

    wenn die Miete nach Wochen bemessen ist, spätestens am ersten Werktag einer Woche zum Ablauf des folgenden Sonnabends;

3.

    wenn die Miete nach Monaten oder längeren Zeitabschnitten bemessen ist, spätestens am dritten Werktag eines Kalendermonats zum Ablauf des übernächsten Monats, bei einem Mietverhältnis über gewerblich genutzte unbebaute Grundstücke jedoch nur zum Ablauf eines Kalendervierteljahrs.

(2) Bei einem Mietverhältnis über Geschäftsräume ist die ordentliche Kündigung spätestens am dritten Werktag eines Kalendervierteljahres zum Ablauf des nächsten Kalendervierteljahrs zulässig.

(3) Bei einem Mietverhältnis über bewegliche Sachen ist die ordentliche Kündigung zulässig,

1.

    wenn die Miete nach Tagen bemessen ist, an jedem Tag zum Ablauf des folgenden Tages;

2.

    wenn die Miete nach längeren Zeitabschnitten bemessen ist, spätestens am dritten Tag vor dem Tag, mit dessen Ablauf das Mietverhältnis enden soll.

(4) Absatz 1 Nr. 3, Absatz 2 und 3 Nr. 2 sind auch anzuwenden, wenn ein Mietverhältnis außerordentlich mit der gesetzlichen Frist gekündigt werden kann.

Einführungsgesetz zum Bürgerlichen Gesetzbuche (Wichtige Auszüge zum Mietrecht)

-

BGBEG

Ausfertigungsdatum: 18.08.1896

"Einführungsgesetz zum Bürgerlichen Gesetzbuche in der Fassung der Bekanntmachung vom 21. September 1994 (BGBl. I S. 2494; 1997 I S. 1061), das zuletzt durch Artikel 17 des Gesetzes vom 20. November 2015 (BGBl. I S. 2010) geändert worden ist". Neugefasst durch Bek. v. 21.9.1994 I 2494; 1997, 1061; zuletzt geändert durch Art. 17 G v. 20.11.2015 I 2010

§ 2 Übergangsvorschriften zum Gesetz vom 27. Juni 2000

Die §§ 241a, 361a, 361b, 661a und 676h des Bürgerlichen Gesetzbuchs sind nur auf Sachverhalte anzuwenden, die nach dem 29. Juni 2000 entstanden sind.

-

§ 3 Übergangsvorschriften zum Gesetz zur Neugliederung, Vereinfachung und Reform des Mietrechts vom 19. Juni 2001

(1) Auf ein am 1. September 2001 bestehendes Mietverhältnis oder Pachtverhältnis sind

1.

im Falle einer vor dem 1. September 2001 zugegangenen Kündigung § 554 Abs. 2 Nr. 2, §§ 565, 565c Satz 1 Nr. 1b, § 565d Abs. 2, § 570 des Bürgerlichen Gesetzbuchs sowie § 9 Abs. 1 des Gesetzes zur Regelung der Miethöhe jeweils in der bis zu diesem Zeitpunkt geltenden Fassung anzuwenden;

2.

im Falle eines vor dem 1. September 2001 zugegangenen Mieterhöhungsverlangens oder einer vor diesem Zeitpunkt zugegangenen Mieterhöhungserklärung die §§ 2, 3, 5, 7, 11 bis 13, 15 und 16 des Gesetzes zur Regelung der Miethöhe in der bis zu diesem Zeitpunkt geltenden Fassung anzuwenden; darüber hinaus richten sich auch nach dem in Satz 1 genannten Zeitpunkt Mieterhöhungen nach § 7 Abs. 1 bis 3 des Gesetzes zur Regelung der Miethöhe in der bis zu diesem Zeitpunkt geltenden Fassung, soweit es sich um Mietverhältnisse im Sinne des § 7 Abs. 1 jenes Gesetzes handelt;

3.

im Falle einer vor dem 1. September 2001 zugegangenen Erklärung über eine Betriebskostenänderung § 4 Abs. 2 bis 4 des Gesetzes zur Regelung der Miethöhe in der bis zu diesem Zeitpunkt geltenden Fassung anzuwenden;

4.

im Falle einer vor dem 1. September 2001 zugegangenen Erklärung über die Abrechnung von Betriebskosten § 4 Abs. 5 Satz 1 Nr. 2 und § 14 des Gesetzes zur Regelung der Miethöhe in der bis zu diesem Zeitpunkt geltenden Fassung anzuwenden;

5.

im Falle des Todes des Mieters oder Pächters die §§ 569 bis 569b, 570b Abs. 3 und § 594d Abs. 1 des Bürgerlichen Gesetzbuchs in der bis zum 1. September 2001 geltenden Fassung anzuwenden, wenn der Mieter oder Pächter vor diesem Zeitpunkt verstorben ist, im Falle der Vermieterkündigung eines Mietverhältnisses über Wohnraum gegenüber dem Erben jedoch nur, wenn auch die Kündigungserklärung dem Erben vor diesem Zeitpunkt zugegangen ist;

6.

im Falle einer vor dem 1. September 2001 zugegangenen Mitteilung über die Durchführung von Modernisierungsmaßnahmen § 541b des Bürgerlichen Gesetzbuchs in der bis zu diesem Zeitpunkt geltenden Fassung anzuwenden;

7.

hinsichtlich der Fälligkeit § 551 des Bürgerlichen Gesetzbuchs in der bis zum 1. September 2001 geltenden Fassung anzuwenden.

(2) Ein am 1. September 2001 bestehendes Mietverhältnis im Sinne des § 564b Abs. 4 Nr. 2 oder Abs. 7 Nr. 4 des Bürgerlichen Gesetzbuchs in der bis zum 1. September 2001 geltenden Fassung kann noch bis zum 31. August 2006 nach § 564b des Bürgerlichen Gesetzbuchs in der vorstehend genannten Fassung gekündigt werden.

(3) Auf ein am 1. September 2001 bestehendes Mietverhältnis auf bestimmte Zeit sind § 564c in Verbindung mit § 564b sowie die §§ 556a bis 556c, 565a Abs. 1 und § 570 des Bürgerlichen Gesetzbuchs in der bis zu diesem Zeitpunkt geltenden Fassung anzuwenden.

(4) Auf ein am 1. September 2001 bestehendes Mietverhältnis, bei dem die Betriebskosten ganz oder teilweise in der Miete enthalten sind, ist wegen Erhöhungen der Betriebskosten § 560 Abs. 1, 2, 5 und 6 des Bürgerlichen Gesetzbuchs entsprechend anzuwenden, soweit im Mietvertrag vereinbart ist, dass der Mieter Erhöhungen der Betriebskosten zu tragen hat; bei Ermäßigungen der Betriebskosten gilt § 560 Abs. 3 des Bürgerlichen Gesetzbuchs entsprechend.

(5) Auf einen Mietspiegel, der vor dem 1. September 2001 unter Voraussetzungen erstellt worden ist, die § 558d Abs. 1 und 2 des Bürgerlichen Gesetzbuchs entsprechen, sind die Vorschriften über den qualifizierten Mietspiegel anzuwenden, wenn die Gemeinde ihn nach dem 1. September 2001 als solchen veröffentlicht hat. War der Mietspiegel vor diesem Zeitpunkt bereits veröffentlicht worden, so ist es ausreichend, wenn die Gemeinde ihn später öffentlich als qualifizierten

41

Mietspiegel bezeichnet hat. In jedem Fall sind § 558a Abs. 3 und § 558d Abs. 3 des Bürgerlichen Gesetzbuchs nicht anzuwenden auf Mieterhöhungsverlangen, die dem Mieter vor dieser Veröffentlichung zugegangen sind.

(6) Auf vermieteten Wohnraum, der sich in einem Gebiet befindet, das aufgrund

1.

des § 564b Abs. 2 Nr. 2, auch in Verbindung mit Nr. 3, des Bürgerlichen Gesetzbuchs in der bis zum 1. September 2001 geltenden Fassung oder

2.

des Gesetzes über eine Sozialklausel in Gebieten mit gefährdeter Wohnungsversorgung vom 22. April 1993 (BGBl. I S. 466, 487)

bestimmt ist, sind die am 31. August 2001 geltenden vorstehend genannten Bestimmungen über Beschränkungen des Kündigungsrechts des Vermieters bis zum 31. August 2004 weiter anzuwenden. Ein am 1. September 2001 bereits verstrichener Teil einer Frist nach den vorstehend genannten Bestimmungen wird auf die Frist nach § 577a des Bürgerlichen Gesetzbuchs angerechnet. § 577a des Bürgerlichen Gesetzbuchs ist jedoch nicht anzuwenden im Falle einer Kündigung des Erwerbers nach § 573 Abs. 2 Nr. 3 jenes Gesetzes, wenn die Veräußerung vor dem 1. September 2001 erfolgt ist und sich die veräußerte Wohnung nicht in einem nach Satz 1 bezeichneten Gebiet befindet.

(7) § 548 Abs. 3 des Bürgerlichen Gesetzbuchs ist nicht anzuwenden, wenn das selbständige Beweisverfahren vor dem 1. September 2001 beantragt worden ist.

(8) § 551 Abs. 3 Satz 1 des Bürgerlichen Gesetzbuchs ist nicht anzuwenden, wenn die Verzinsung vor dem 1. Januar 1983 durch Vertrag ausgeschlossen worden ist.

(9) § 556 Abs. 3 Satz 2 bis 6 und § 556a Abs. 1 des Bürgerlichen Gesetzbuchs sind nicht anzuwenden auf Abrechnungszeiträume, die vor dem 1. September 2001 beendet waren.

(10) § 573c Abs. 4 des Bürgerlichen Gesetzbuchs ist nicht anzuwenden, wenn die Kündigungsfristen vor dem 1. September 2001 durch Vertrag vereinbart worden sind. Für Kündigungen, die ab dem 1. Juni 2005 zugehen, gilt dies nicht, wenn die Kündigungsfristen des § 565 Abs. 2 Satz 1 und 2 des Bürgerlichen Gesetzbuchs in der bis zum 1. September 2001 geltenden Fassung durch Allgemeine Geschäftsbedingungen vereinbart worden sind.

(11) Nicht unangemessen hoch im Sinn des § 5 des Wirtschaftsstrafgesetzes 1954 sind Entgelte für Wohnraum im Sinn des § 11 Abs. 2 des Gesetzes zur Regelung der Miethöhe in der bis zum 31. August 2001 geltenden Fassung, die

1.

bis zum 31. Dezember 1997 nach § 3 oder § 13 des Gesetzes zur Regelung der Miethöhe in der bis zum 31. August 2001 geltenden Fassung geändert oder nach § 13 in Verbindung mit § 17 jenes Gesetzes in der bis zum 31. August 2001 geltenden Fassung vereinbart oder

2.

bei der Wiedervermietung in einer der Nummer 1 entsprechenden Höhe vereinbart worden sind. Für Zwecke des Satzes 1 bleiben die hier genannten Bestimmungen weiterhin anwendbar.

§ 29 Übergangsvorschriften zum Mietrechtsänderungsgesetz vom 11. März 2013

(1) Auf ein bis zum 1. Mai 2013 entstandenes Mietverhältnis sind die §§ 536, 554, 559 bis 559b, 578 des Bürgerlichen Gesetzbuchs in der bis zum 1. Mai 2013 geltenden Fassung weiter anzuwenden, wenn

1.

bei Modernisierungsmaßnahmen die Mitteilung nach § 554 Absatz 3 Satz 1 des Bürgerlichen Gesetzbuchs dem Mieter vor dem 1. Mai 2013 zugegangen ist oder

2.

bei Modernisierungsmaßnahmen, auf die § 554 Absatz 3 Satz 3 des Bürgerlichen

Gesetzbuchs in der bis zum 1. Mai 2013 geltenden Fassung anzuwenden ist, der Vermieter mit der Ausführung der Maßnahme vor dem 1. Mai 2013 begonnen hat.

(2) § 569 Absatz 2a des Bürgerlichen Gesetzbuchs ist auf ein vor dem 1. Mai 2013 entstandenes Mietverhältnis nicht anzuwenden.

-

§ 35 Übergangsvorschriften zum Mietrechtsnovellierungsgesetz vom 21. April 2015

(1) Die §§ 556d bis 556g, 557a Absatz 4 und § 557b Absatz 4 des Bürgerlichen Gesetzbuchs sind nicht anzuwenden auf Mietverträge und Staffelmietvereinbarungen über Wohnraum, die abgeschlossen worden sind, bevor die vertragsgegenständliche Mietwohnung in den Anwendungsbereich einer Rechtsverordnung nach § 556d Absatz 2 des Bürgerlichen Gesetzbuchs fällt.

(2) § 557a Absatz 4 des Bürgerlichen Gesetzbuchs ist nicht mehr anzuwenden auf Mietstaffeln, deren erste Miete zu einem Zeitpunkt fällig wird, in dem die vertragsgegenständliche Mietwohnung nicht mehr in den Anwendungsbereich einer Rechtsverordnung nach § 556d Absatz 2 des Bürgerlichen Gesetzbuchs fällt.

-

Allgemeines Gleichbehandlungsgesetz (AGG)

-

AGG

Ausfertigungsdatum: 14.08.2006

"Allgemeines Gleichbehandlungsgesetz vom 14. August 2006 (BGBl. I S. 1897), das zuletzt durch Artikel 8 des Gesetzes vom 3. April 2013 (BGBl. I S. 610) geändert worden ist". Zuletzt geändert durch Art. 8 G v. 3.4.2013 I 610.

Fußnote
(+++ Textnachweis ab: 18.8.2006 +++)

Das G wurde als Artikel 1 des G v. 14.8.2006 I 1897 vom Bundestag beschlossen. Es ist gem. Art. 4 Satz 1 dieses G am 18.8.2006 in Kraft getreten.

Abschnitt 1
Allgemeiner Teil

§ 1 Ziel des Gesetzes

Ziel des Gesetzes ist, Benachteiligungen aus Gründen der Rasse oder wegen der ethnischen Herkunft, des Geschlechts, der Religion oder Weltanschauung, einer Behinderung, des Alters oder der sexuellen Identität zu verhindern oder zu beseitigen.

43

§ 2 Anwendungsbereich

(1) Benachteiligungen aus einem in § 1 genannten Grund sind nach Maßgabe dieses Gesetzes unzulässig in Bezug auf:

1.
    die Bedingungen, einschließlich Auswahlkriterien und Einstellungsbedingungen, für den Zugang zu unselbstständiger und selbstständiger Erwerbstätigkeit, unabhängig von Tätigkeitsfeld und beruflicher Position, sowie für den beruflichen Aufstieg,

2.
    die Beschäftigungs- und Arbeitsbedingungen einschließlich Arbeitsentgelt und Entlassungsbedingungen, insbesondere in individual- und kollektivrechtlichen Vereinbarungen und Maßnahmen bei der Durchführung und Beendigung eines Beschäftigungsverhältnisses sowie beim beruflichen Aufstieg,

3.
    den Zugang zu allen Formen und allen Ebenen der Berufsberatung, der Berufsbildung einschließlich der Berufsausbildung, der beruflichen Weiterbildung und der Umschulung sowie der praktischen Berufserfahrung,

4.
    die Mitgliedschaft und Mitwirkung in einer Beschäftigten- oder Arbeitgebervereinigung oder einer Vereinigung, deren Mitglieder einer bestimmten Berufsgruppe angehören, einschließlich der Inanspruchnahme der Leistungen solcher Vereinigungen,

5.
    den Sozialschutz, einschließlich der sozialen Sicherheit und der Gesundheitsdienste,

6.
    die sozialen Vergünstigungen,

7.
    die Bildung,

8.
    den Zugang zu und die Versorgung mit Gütern und Dienstleistungen, die der Öffentlichkeit zur Verfügung stehen, einschließlich von Wohnraum.

(2) Für Leistungen nach dem Sozialgesetzbuch gelten § 33c des Ersten Buches Sozialgesetzbuch und § 19a des Vierten Buches Sozialgesetzbuch. Für die betriebliche Altersvorsorge gilt das Betriebsrentengesetz.

(3) Die Geltung sonstiger Benachteiligungsverbote oder Gebote der Gleichbehandlung wird durch dieses Gesetz nicht berührt. Dies gilt auch für öffentlich-rechtliche Vorschriften, die dem Schutz bestimmter Personengruppen dienen.

(4) Für Kündigungen gelten ausschließlich die Bestimmungen zum allgemeinen und besonderen Kündigungsschutz.

§ 3 Begriffsbestimmungen

(1) Eine unmittelbare Benachteiligung liegt vor, wenn eine Person wegen eines in § 1 genannten Grundes eine weniger günstige Behandlung erfährt, als eine andere Person in einer vergleichbaren Situation erfährt, erfahren hat oder erfahren würde. Eine unmittelbare Benachteiligung wegen des Geschlechts liegt in Bezug auf § 2 Abs. 1 Nr. 1 bis 4 auch im Falle einer ungünstigeren Behandlung einer Frau wegen Schwangerschaft oder Mutterschaft vor.

(2) Eine mittelbare Benachteiligung liegt vor, wenn dem Anschein nach neutrale Vorschriften, Kriterien oder Verfahren Personen wegen eines in § 1 genannten Grundes gegenüber anderen Personen in besonderer Weise benachteiligen können, es sei denn, die betreffenden Vorschriften, Kriterien oder Verfahren sind durch ein rechtmäßiges Ziel sachlich gerechtfertigt und die Mittel sind

zur Erreichung dieses Ziels angemessen und erforderlich.

(3) Eine Belästigung ist eine Benachteiligung, wenn unerwünschte Verhaltensweisen, die mit einem in § 1 genannten Grund in Zusammenhang stehen, bezwecken oder bewirken, dass die Würde der betreffenden Person verletzt und ein von Einschüchterungen, Anfeindungen, Erniedrigungen, Entwürdigungen oder Beleidigungen gekennzeichnetes Umfeld geschaffen wird.

(4) Eine sexuelle Belästigung ist eine Benachteiligung in Bezug auf § 2 Abs. 1 Nr. 1 bis 4, wenn ein unerwünschtes, sexuell bestimmtes Verhalten, wozu auch unerwünschte sexuelle Handlungen und Aufforderungen zu diesen, sexuell bestimmte körperliche Berührungen, Bemerkungen sexuellen Inhalts sowie unerwünschtes Zeigen und sichtbares Anbringen von pornographischen Darstellungen gehören, bezweckt oder bewirkt, dass die Würde der betreffenden Person verletzt wird, insbesondere wenn ein von Einschüchterungen, Anfeindungen, Erniedrigungen, Entwürdigungen oder Beleidigungen gekennzeichnetes Umfeld geschaffen wird.

(5) Die Anweisung zur Benachteiligung einer Person aus einem in § 1 genannten Grund gilt als Benachteiligung. Eine solche Anweisung liegt in Bezug auf § 2 Abs. 1 Nr. 1 bis 4 insbesondere vor, wenn jemand eine Person zu einem Verhalten bestimmt, das einen Beschäftigten oder eine Beschäftigte wegen eines in § 1 genannten Grundes benachteiligt oder benachteiligen kann.

-

§ 4 Unterschiedliche Behandlung wegen mehrerer Gründe

Erfolgt eine unterschiedliche Behandlung wegen mehrerer der in § 1 genannten Gründe, so kann diese unterschiedliche Behandlung nach den §§ 8 bis 10 und 20 nur gerechtfertigt werden, wenn sich die Rechtfertigung auf alle diese Gründe erstreckt, derentwegen die unterschiedliche Behandlung erfolgt.

-

§ 5 Positive Maßnahmen

Ungeachtet der in den §§ 8 bis 10 sowie in § 20 benannten Gründe ist eine unterschiedliche Behandlung auch zulässig, wenn durch geeignete und angemessene Maßnahmen bestehende Nachteile wegen eines in § 1 genannten Grundes verhindert oder ausgeglichen werden sollen.

Abschnitt 2
Schutz der Beschäftigten vor Benachteiligung

Unterabschnitt 1
Verbot der Benachteiligung

-

§ 6 Persönlicher Anwendungsbereich

(1) Beschäftigte im Sinne dieses Gesetzes sind

1.
   Arbeitnehmerinnen und Arbeitnehmer,
2.
   die zu ihrer Berufsbildung Beschäftigten,
3.
   Personen, die wegen ihrer wirtschaftlichen Unselbstständigkeit als arbeitnehmerähnliche Personen anzusehen sind; zu diesen gehören auch die in Heimarbeit Beschäftigten und die ihnen Gleichgestellten.

Als Beschäftigte gelten auch die Bewerberinnen und Bewerber für ein Beschäftigungsverhältnis sowie die Personen, deren Beschäftigungsverhältnis beendet ist.

(2) Arbeitgeber (Arbeitgeber und Arbeitgeberinnen) im Sinne dieses Abschnitts sind natürliche und juristische Personen sowie rechtsfähige Personengesellschaften, die Personen nach Absatz 1 beschäftigen. Werden Beschäftigte einem Dritten zur Arbeitsleistung überlassen, so gilt auch dieser als Arbeitgeber im Sinne dieses Abschnitts. Für die in Heimarbeit Beschäftigten und die ihnen Gleichgestellten tritt an die Stelle des Arbeitgebers der Auftraggeber oder Zwischenmeister.
(3) Soweit es die Bedingungen für den Zugang zur Erwerbstätigkeit sowie den beruflichen Aufstieg betrifft, gelten die Vorschriften dieses Abschnitts für Selbstständige und Organmitglieder, insbesondere Geschäftsführer oder Geschäftsführerinnen und Vorstände, entsprechend.
-

§ 7 Benachteiligungsverbot

(1) Beschäftigte dürfen nicht wegen eines in § 1 genannten Grundes benachteiligt werden; dies gilt auch, wenn die Person, die die Benachteiligung begeht, das Vorliegen eines in § 1 genannten Grundes bei der Benachteiligung nur annimmt.
(2) Bestimmungen in Vereinbarungen, die gegen das Benachteiligungsverbot des Absatzes 1 verstoßen, sind unwirksam.
(3) Eine Benachteiligung nach Absatz 1 durch Arbeitgeber oder Beschäftigte ist eine Verletzung vertraglicher Pflichten.
-

§ 8 Zulässige unterschiedliche Behandlung wegen beruflicher Anforderungen

(1) Eine unterschiedliche Behandlung wegen eines in § 1 genannten Grundes ist zulässig, wenn dieser Grund wegen der Art der auszuübenden Tätigkeit oder der Bedingungen ihrer Ausübung eine wesentliche und entscheidende berufliche Anforderung darstellt, sofern der Zweck rechtmäßig und die Anforderung angemessen ist.
(2) Die Vereinbarung einer geringeren Vergütung für gleiche oder gleichwertige Arbeit wegen eines in § 1 genannten Grundes wird nicht dadurch gerechtfertigt, dass wegen eines in § 1 genannten Grundes besondere Schutzvorschriften gelten.
-

§ 9 Zulässige unterschiedliche Behandlung wegen der Religion oder Weltanschauung

(1) Ungeachtet des § 8 ist eine unterschiedliche Behandlung wegen der Religion oder der Weltanschauung bei der Beschäftigung durch Religionsgemeinschaften, die ihnen zugeordneten Einrichtungen ohne Rücksicht auf ihre Rechtsform oder durch Vereinigungen, die sich die gemeinschaftliche Pflege einer Religion oder Weltanschauung zur Aufgabe machen, auch zulässig, wenn eine bestimmte Religion oder Weltanschauung unter Beachtung des Selbstverständnisses der jeweiligen Religionsgemeinschaft oder Vereinigung im Hinblick auf ihr Selbstbestimmungsrecht oder nach der Art der Tätigkeit eine gerechtfertigte berufliche Anforderung darstellt.
(2) Das Verbot unterschiedlicher Behandlung wegen der Religion oder der Weltanschauung berührt nicht das Recht der in Absatz 1 genannten Religionsgemeinschaften, der ihnen zugeordneten Einrichtungen ohne Rücksicht auf ihre Rechtsform oder der Vereinigungen, die sich die gemeinschaftliche Pflege einer Religion oder Weltanschauung zur Aufgabe machen, von ihren Beschäftigten ein loyales und aufrichtiges Verhalten im Sinne ihres jeweiligen Selbstverständnisses verlangen zu können.
-

§ 10 Zulässige unterschiedliche Behandlung wegen des Alters

Ungeachtet des § 8 ist eine unterschiedliche Behandlung wegen des Alters auch zulässig, wenn sie objektiv und angemessen und durch ein legitimes Ziel gerechtfertigt ist. Die Mittel zur Erreichung dieses Ziels müssen angemessen und erforderlich sein. Derartige unterschiedliche Behandlungen können insbesondere Folgendes einschließen:

1.

   die Festlegung besonderer Bedingungen für den Zugang zur Beschäftigung und zur beruflichen Bildung sowie besonderer Beschäftigungs- und Arbeitsbedingungen, einschließlich der Bedingungen für Entlohnung und Beendigung des Beschäftigungsverhältnisses, um die berufliche Eingliederung von Jugendlichen, älteren Beschäftigten und Personen mit Fürsorgepflichten zu fördern oder ihren Schutz sicherzustellen,

2.

   die Festlegung von Mindestanforderungen an das Alter, die Berufserfahrung oder das Dienstalter für den Zugang zur Beschäftigung oder für bestimmte mit der Beschäftigung verbundene Vorteile,

3.

   die Festsetzung eines Höchstalters für die Einstellung auf Grund der spezifischen Ausbildungsanforderungen eines bestimmten Arbeitsplatzes oder auf Grund der Notwendigkeit einer angemessenen Beschäftigungszeit vor dem Eintritt in den Ruhestand,

4.

   die Festsetzung von Altersgrenzen bei den betrieblichen Systemen der sozialen Sicherheit als Voraussetzung für die Mitgliedschaft oder den Bezug von Altersrente oder von Leistungen bei Invalidität einschließlich der Festsetzung unterschiedlicher Altersgrenzen im Rahmen dieser Systeme für bestimmte Beschäftigte oder Gruppen von Beschäftigten und die Verwendung von Alterskriterien im Rahmen dieser Systeme für versicherungsmathematische Berechnungen,

5.

   eine Vereinbarung, die die Beendigung des Beschäftigungsverhältnisses ohne Kündigung zu einem Zeitpunkt vorsieht, zu dem der oder die Beschäftigte eine Rente wegen Alters beantragen kann; § 41 des Sechsten Buches Sozialgesetzbuch bleibt unberührt,

6.

Differenzierungen von Leistungen in Sozialplänen im Sinne des Betriebsverfassungsgesetzes, wenn die Parteien eine nach Alter oder Betriebszugehörigkeit gestaffelte Abfindungsregelung geschaffen haben, in der die wesentlich vom Alter abhängenden Chancen auf dem Arbeitsmarkt durch eine verhältnismäßig starke Betonung des Lebensalters erkennbar berücksichtigt worden sind, oder Beschäftigte von den Leistungen des Sozialplans ausgeschlossen haben, die wirtschaftlich abgesichert sind, weil sie, gegebenenfalls nach Bezug von Arbeitslosengeld, rentenberechtigt sind.

Unterabschnitt 2
Organisationspflichten des Arbeitgebers

-

§ 11 Ausschreibung

Ein Arbeitsplatz darf nicht unter Verstoß gegen § 7 Abs. 1 ausgeschrieben werden.

-

§ 12 Maßnahmen und Pflichten des Arbeitgebers

(1) Der Arbeitgeber ist verpflichtet, die erforderlichen Maßnahmen zum Schutz vor Benachteiligungen wegen eines in § 1 genannten Grundes zu treffen. Dieser Schutz umfasst auch vorbeugende Maßnahmen.
(2) Der Arbeitgeber soll in geeigneter Art und Weise, insbesondere im Rahmen der beruflichen

Aus- und Fortbildung, auf die Unzulässigkeit solcher Benachteiligungen hinweisen und darauf hinwirken, dass diese unterbleiben. Hat der Arbeitgeber seine Beschäftigten in geeigneter Weise zum Zwecke der Verhinderung von Benachteiligung geschult, gilt dies als Erfüllung seiner Pflichten nach Absatz 1.

(3) Verstoßen Beschäftigte gegen das Benachteiligungsverbot des § 7 Abs. 1, so hat der Arbeitgeber die im Einzelfall geeigneten, erforderlichen und angemessenen Maßnahmen zur Unterbindung der Benachteiligung wie Abmahnung, Umsetzung, Versetzung oder Kündigung zu ergreifen.

(4) Werden Beschäftigte bei der Ausübung ihrer Tätigkeit durch Dritte nach § 7 Abs. 1 benachteiligt, so hat der Arbeitgeber die im Einzelfall geeigneten, erforderlichen und angemessenen Maßnahmen zum Schutz der Beschäftigten zu ergreifen.

(5) Dieses Gesetz und § 61b des Arbeitsgerichtsgesetzes sowie Informationen über die für die Behandlung von Beschwerden nach § 13 zuständigen Stellen sind im Betrieb oder in der Dienststelle bekannt zu machen. Die Bekanntmachung kann durch Aushang oder Auslegung an geeigneter Stelle oder den Einsatz der im Betrieb oder der Dienststelle üblichen Informations- und Kommunikationstechnik erfolgen.

Unterabschnitt 3
Rechte der Beschäftigten

-

§ 13 Beschwerderecht

(1) Die Beschäftigten haben das Recht, sich bei den zuständigen Stellen des Betriebs, des Unternehmens oder der Dienststelle zu beschweren, wenn sie sich im Zusammenhang mit ihrem Beschäftigungsverhältnis vom Arbeitgeber, von Vorgesetzten, anderen Beschäftigten oder Dritten wegen eines in § 1 genannten Grundes benachteiligt fühlen. Die Beschwerde ist zu prüfen und das Ergebnis der oder dem beschwerdeführenden Beschäftigten mitzuteilen.

(2) Die Rechte der Arbeitnehmervertretungen bleiben unberührt.

-

§ 14 Leistungsverweigerungsrecht

Ergreift der Arbeitgeber keine oder offensichtlich ungeeignete Maßnahmen zur Unterbindung einer Belästigung oder sexuellen Belästigung am Arbeitsplatz, sind die betroffenen Beschäftigten berechtigt, ihre Tätigkeit ohne Verlust des Arbeitsentgelts einzustellen, soweit dies zu ihrem Schutz erforderlich ist. § 273 des Bürgerlichen Gesetzbuchs bleibt unberührt.

-

§ 15 Entschädigung und Schadensersatz

(1) Bei einem Verstoß gegen das Benachteiligungsverbot ist der Arbeitgeber verpflichtet, den hierdurch entstandenen Schaden zu ersetzen. Dies gilt nicht, wenn der Arbeitgeber die Pflichtverletzung nicht zu vertreten hat.

(2) Wegen eines Schadens, der nicht Vermögensschaden ist, kann der oder die Beschäftigte eine angemessene Entschädigung in Geld verlangen. Die Entschädigung darf bei einer Nichteinstellung drei Monatsgehälter nicht übersteigen, wenn der oder die Beschäftigte auch bei benachteiligungsfreier Auswahl nicht eingestellt worden wäre.

(3) Der Arbeitgeber ist bei der Anwendung kollektivrechtlicher Vereinbarungen nur dann zur Entschädigung verpflichtet, wenn er vorsätzlich oder grob fahrlässig handelt.

(4) Ein Anspruch nach Absatz 1 oder 2 muss innerhalb einer Frist von zwei Monaten schriftlich geltend gemacht werden, es sei denn, die Tarifvertragsparteien haben etwas anderes vereinbart. Die Frist beginnt im Falle einer Bewerbung oder eines beruflichen Aufstiegs mit dem Zugang der

Ablehnung und in den sonstigen Fällen einer Benachteiligung zu dem Zeitpunkt, in dem der oder die Beschäftigte von der Benachteiligung Kenntnis erlangt.

(5) Im Übrigen bleiben Ansprüche gegen den Arbeitgeber, die sich aus anderen Rechtsvorschriften ergeben, unberührt.

(6) Ein Verstoß des Arbeitgebers gegen das Benachteiligungsverbot des § 7 Abs. 1 begründet keinen Anspruch auf Begründung eines Beschäftigungsverhältnisses, Berufsausbildungsverhältnisses oder einen beruflichen Aufstieg, es sei denn, ein solcher ergibt sich aus einem anderen Rechtsgrund.

-

§ 16 Maßregelungsverbot

(1) Der Arbeitgeber darf Beschäftigte nicht wegen der Inanspruchnahme von Rechten nach diesem Abschnitt oder wegen der Weigerung, eine gegen diesen Abschnitt verstoßende Anweisung auszuführen, benachteiligen. Gleiches gilt für Personen, die den Beschäftigten hierbei unterstützen oder als Zeuginnen oder Zeugen aussagen.

(2) Die Zurückweisung oder Duldung benachteiligender Verhaltensweisen durch betroffene Beschäftigte darf nicht als Grundlage für eine Entscheidung herangezogen werden, die diese Beschäftigten berührt. Absatz 1 Satz 2 gilt entsprechend.

(3) § 22 gilt entsprechend.

Unterabschnitt 4
Ergänzende Vorschriften

-

§ 17 Soziale Verantwortung der Beteiligten

(1) Tarifvertragsparteien, Arbeitgeber, Beschäftigte und deren Vertretungen sind aufgefordert, im Rahmen ihrer Aufgaben und Handlungsmöglichkeiten an der Verwirklichung des in § 1 genannten Ziels mitzuwirken.

(2) In Betrieben, in denen die Voraussetzungen des § 1 Abs. 1 Satz 1 des Betriebsverfassungsgesetzes vorliegen, können bei einem groben Verstoß des Arbeitgebers gegen Vorschriften aus diesem Abschnitt der Betriebsrat oder eine im Betrieb vertretene Gewerkschaft unter der Voraussetzung des § 23 Abs. 3 Satz 1 des Betriebsverfassungsgesetzes die dort genannten Rechte gerichtlich geltend machen; § 23 Abs. 3 Satz 2 bis 5 des Betriebsverfassungsgesetzes gilt entsprechend. Mit dem Antrag dürfen nicht Ansprüche des Benachteiligten geltend gemacht werden.

-

§ 18 Mitgliedschaft in Vereinigungen

(1) Die Vorschriften dieses Abschnitts gelten entsprechend für die Mitgliedschaft oder die Mitwirkung in einer

1.
   Tarifvertragspartei,

2.
   Vereinigung, deren Mitglieder einer bestimmten Berufsgruppe angehören oder die eine überragende Machtstellung im wirtschaftlichen oder sozialen Bereich innehat, wenn ein grundlegendes Interesse am Erwerb der Mitgliedschaft besteht,

sowie deren jeweiligen Zusammenschlüssen.

(2) Wenn die Ablehnung einen Verstoß gegen das Benachteiligungsverbot des § 7 Abs. 1 darstellt, besteht ein Anspruch auf Mitgliedschaft oder Mitwirkung in den in Absatz 1 genannten

Vereinigungen.

Abschnitt 3
Schutz vor Benachteiligung im Zivilrechtsverkehr

§ 19 Zivilrechtliches Benachteiligungsverbot

(1) Eine Benachteiligung aus Gründen der Rasse oder wegen der ethnischen Herkunft, wegen des Geschlechts, der Religion, einer Behinderung, des Alters oder der sexuellen Identität bei der Begründung, Durchführung und Beendigung zivilrechtlicher Schuldverhältnisse, die

1.
> typischerweise ohne Ansehen der Person zu vergleichbaren Bedingungen in einer Vielzahl von Fällen zustande kommen (Massengeschäfte) oder bei denen das Ansehen der Person nach der Art des Schuldverhältnisses eine nachrangige Bedeutung hat und die zu vergleichbaren Bedingungen in einer Vielzahl von Fällen zustande kommen oder

2.
> eine privatrechtliche Versicherung zum Gegenstand haben,

ist unzulässig.

(2) Eine Benachteiligung aus Gründen der Rasse oder wegen der ethnischen Herkunft ist darüber hinaus auch bei der Begründung, Durchführung und Beendigung sonstiger zivilrechtlicher Schuldverhältnisse im Sinne des § 2 Abs. 1 Nr. 5 bis 8 unzulässig.

(3) Bei der Vermietung von Wohnraum ist eine unterschiedliche Behandlung im Hinblick auf die Schaffung und Erhaltung sozial stabiler Bewohnerstrukturen und ausgewogener Siedlungsstrukturen sowie ausgeglichener wirtschaftlicher, sozialer und kultureller Verhältnisse zulässig.

(4) Die Vorschriften dieses Abschnitts finden keine Anwendung auf familien- und erbrechtliche Schuldverhältnisse.

(5) Die Vorschriften dieses Abschnitts finden keine Anwendung auf zivilrechtliche Schuldverhältnisse, bei denen ein besonderes Nähe- oder Vertrauensverhältnis der Parteien oder ihrer Angehörigen begründet wird. Bei Mietverhältnissen kann dies insbesondere der Fall sein, wenn die Parteien oder ihre Angehörigen Wohnraum auf demselben Grundstück nutzen. Die Vermietung von Wohnraum zum nicht nur vorübergehenden Gebrauch ist in der Regel kein Geschäft im Sinne des Absatzes 1 Nr. 1, wenn der Vermieter insgesamt nicht mehr als 50 Wohnungen vermietet.

§ 20 Zulässige unterschiedliche Behandlung

(1) Eine Verletzung des Benachteiligungsverbots ist nicht gegeben, wenn für eine unterschiedliche Behandlung wegen der Religion, einer Behinderung, des Alters, der sexuellen Identität oder des Geschlechts ein sachlicher Grund vorliegt. Das kann insbesondere der Fall sein, wenn die unterschiedliche Behandlung

1.
> der Vermeidung von Gefahren, der Verhütung von Schäden oder anderen Zwecken vergleichbarer Art dient,

2.
> dem Bedürfnis nach Schutz der Intimsphäre oder der persönlichen Sicherheit Rechnung trägt,

3.
> besondere Vorteile gewährt und ein Interesse an der Durchsetzung der Gleichbehandlung fehlt,

4.
an die Religion eines Menschen anknüpft und im Hinblick auf die Ausübung der Religionsfreiheit oder auf das Selbstbestimmungsrecht der Religionsgemeinschaften, der ihnen zugeordneten Einrichtungen ohne Rücksicht auf ihre Rechtsform sowie der Vereinigungen, die sich die gemeinschaftliche Pflege einer Religion zur Aufgabe machen, unter Beachtung des jeweiligen Selbstverständnisses gerechtfertigt ist.

(2) Kosten im Zusammenhang mit Schwangerschaft und Mutterschaft dürfen auf keinen Fall zu unterschiedlichen Prämien oder Leistungen führen. Eine unterschiedliche Behandlung wegen der Religion, einer Behinderung, des Alters oder der sexuellen Identität ist im Falle des § 19 Abs. 1 Nr. 2 nur zulässig, wenn diese auf anerkannten Prinzipien risikoadäquater Kalkulation beruht, insbesondere auf einer versicherungsmathematisch ermittelten Risikobewertung unter Heranziehung statistischer Erhebungen.

-

§ 21 Ansprüche

(1) Der Benachteiligte kann bei einem Verstoß gegen das Benachteiligungsverbot unbeschadet weiterer Ansprüche die Beseitigung der Beeinträchtigung verlangen. Sind weitere Beeinträchtigungen zu besorgen, so kann er auf Unterlassung klagen.

(2) Bei einer Verletzung des Benachteiligungsverbots ist der Benachteiligende verpflichtet, den hierdurch entstandenen Schaden zu ersetzen. Dies gilt nicht, wenn der Benachteiligende die Pflichtverletzung nicht zu vertreten hat. Wegen eines Schadens, der nicht Vermögensschaden ist, kann der Benachteiligte eine angemessene Entschädigung in Geld verlangen.

(3) Ansprüche aus unerlaubter Handlung bleiben unberührt.

(4) Auf eine Vereinbarung, die von dem Benachteiligungsverbot abweicht, kann sich der Benachteiligende nicht berufen.

(5) Ein Anspruch nach den Absätzen 1 und 2 muss innerhalb einer Frist von zwei Monaten geltend gemacht werden. Nach Ablauf der Frist kann der Anspruch nur geltend gemacht werden, wenn der Benachteiligte ohne Verschulden an der Einhaltung der Frist verhindert war.

Abschnitt 4
Rechtsschutz

-

§ 22 Beweislast

Wenn im Streitfall die eine Partei Indizien beweist, die eine Benachteiligung wegen eines in § 1 genannten Grundes vermuten lassen, trägt die andere Partei die Beweislast dafür, dass kein Verstoß gegen die Bestimmungen zum Schutz vor Benachteiligung vorgelegen hat.

-

§ 23 Unterstützung durch Antidiskriminierungsverbände

(1) Antidiskriminierungsverbände sind Personenzusammenschlüsse, die nicht gewerbsmäßig und nicht nur vorübergehend entsprechend ihrer Satzung die besonderen Interessen von benachteiligten Personen oder Personengruppen nach Maßgabe von § 1 wahrnehmen. Die Befugnisse nach den Absätzen 2 bis 4 stehen ihnen zu, wenn sie mindestens 75 Mitglieder haben oder einen Zusammenschluss aus mindestens sieben Verbänden bilden.

(2) Antidiskriminierungsverbände sind befugt, im Rahmen ihres Satzungszwecks in gerichtlichen Verfahren als Beistände Benachteiligter in der Verhandlung aufzutreten. Im Übrigen bleiben die Vorschriften der Verfahrensordnungen, insbesondere diejenigen, nach denen Beiständen weiterer Vortrag untersagt werden kann, unberührt.

(3) Antidiskriminierungsverbänden ist im Rahmen ihres Satzungszwecks die Besorgung von

Rechtsangelegenheiten Benachteiligter gestattet.

(4) Besondere Klagerechte und Vertretungsbefugnisse von Verbänden zu Gunsten von behinderten Menschen bleiben unberührt.

Abschnitt 5
Sonderregelungen für öffentlich-rechtliche Dienstverhältnisse

-

§ 24 Sonderregelung für öffentlich-rechtliche Dienstverhältnisse

Die Vorschriften dieses Gesetzes gelten unter Berücksichtigung ihrer besonderen Rechtsstellung entsprechend für

1.
   Beamtinnen und Beamte des Bundes, der Länder, der Gemeinden, der Gemeindeverbände sowie der sonstigen der Aufsicht des Bundes oder eines Landes unterstehenden Körperschaften, Anstalten und Stiftungen des öffentlichen Rechts,

2.
   Richterinnen und Richter des Bundes und der Länder,

3.
   Zivildienstleistende sowie anerkannte Kriegsdienstverweigerer, soweit ihre Heranziehung zum Zivildienst betroffen ist.

Abschnitt 6
Antidiskriminierungsstelle

-

§ 25 Antidiskriminierungsstelle des Bundes

(1) Beim Bundesministerium für Familie, Senioren, Frauen und Jugend wird unbeschadet der Zuständigkeit der Beauftragten des Deutschen Bundestages oder der Bundesregierung die Stelle des Bundes zum Schutz vor Benachteiligungen wegen eines in § 1 genannten Grundes (Antidiskriminierungsstelle des Bundes) errichtet.

(2) Der Antidiskriminierungsstelle des Bundes ist die für die Erfüllung ihrer Aufgaben notwendige Personal- und Sachausstattung zur Verfügung zu stellen. Sie ist im Einzelplan des Bundesministeriums für Familie, Senioren, Frauen und Jugend in einem eigenen Kapitel auszuweisen.

-

§ 26 Rechtsstellung der Leitung der Antidiskriminierungsstelle des Bundes

(1) Die Bundesministerin oder der Bundesminister für Familie, Senioren, Frauen und Jugend ernennt auf Vorschlag der Bundesregierung eine Person zur Leitung der Antidiskriminierungsstelle des Bundes. Sie steht nach Maßgabe dieses Gesetzes in einem öffentlich-rechtlichen Amtsverhältnis zum Bund. Sie ist in Ausübung ihres Amtes unabhängig und nur dem Gesetz unterworfen.

(2) Das Amtsverhältnis beginnt mit der Aushändigung der Urkunde über die Ernennung durch die Bundesministerin oder den Bundesminister für Familie, Senioren, Frauen und Jugend.

(3) Das Amtsverhältnis endet außer durch Tod

1.
   mit dem Zusammentreten eines neuen Bundestages,

2.

52

durch Ablauf der Amtszeit mit Erreichen der Altersgrenze nach § 51 Abs. 1 und 2 des Bundesbeamtengesetzes,

3.

mit der Entlassung.

Die Bundesministerin oder der Bundesminister für Familie, Senioren, Frauen und Jugend entlässt die Leiterin oder den Leiter der Antidiskriminierungsstelle des Bundes auf deren Verlangen oder wenn Gründe vorliegen, die bei einer Richterin oder einem Richter auf Lebenszeit die Entlassung aus dem Dienst rechtfertigen. Im Falle der Beendigung des Amtsverhältnisses erhält die Leiterin oder der Leiter der Antidiskriminierungsstelle des Bundes eine von der Bundesministerin oder dem Bundesminister für Familie, Senioren, Frauen und Jugend vollzogene Urkunde. Die Entlassung wird mit der Aushändigung der Urkunde wirksam.

(4) Das Rechtsverhältnis der Leitung der Antidiskriminierungsstelle des Bundes gegenüber dem Bund wird durch Vertrag mit dem Bundesministerium für Familie, Senioren, Frauen und Jugend geregelt. Der Vertrag bedarf der Zustimmung der Bundesregierung.

(5) Wird eine Bundesbeamtin oder ein Bundesbeamter zur Leitung der Antidiskriminierungsstelle des Bundes bestellt, scheidet er oder sie mit Beginn des Amtsverhältnisses aus dem bisherigen Amt aus. Für die Dauer des Amtsverhältnisses ruhen die aus dem Beamtenverhältnis begründeten Rechte und Pflichten mit Ausnahme der Pflicht zur Amtsverschwiegenheit und des Verbots der Annahme von Belohnungen oder Geschenken. Bei unfallverletzten Beamtinnen oder Beamten bleiben die gesetzlichen Ansprüche auf das Heilverfahren und einen Unfallausgleich unberührt.

-

§ 27 Aufgaben

(1) Wer der Ansicht ist, wegen eines in § 1 genannten Grundes benachteiligt worden zu sein, kann sich an die Antidiskriminierungsstelle des Bundes wenden.

(2) Die Antidiskriminierungsstelle des Bundes unterstützt auf unabhängige Weise Personen, die sich nach Absatz 1 an sie wenden, bei der Durchsetzung ihrer Rechte zum Schutz vor Benachteiligungen. Hierbei kann sie insbesondere

1.

über Ansprüche und die Möglichkeiten des rechtlichen Vorgehens im Rahmen gesetzlicher Regelungen zum Schutz vor Benachteiligungen informieren,

2.

Beratung durch andere Stellen vermitteln,

3.

eine gütliche Beilegung zwischen den Beteiligten anstreben.

Soweit Beauftragte des Deutschen Bundestages oder der Bundesregierung zuständig sind, leitet die Antidiskriminierungsstelle des Bundes die Anliegen der in Absatz 1 genannten Personen mit deren Einverständnis unverzüglich an diese weiter.

(3) Die Antidiskriminierungsstelle des Bundes nimmt auf unabhängige Weise folgende Aufgaben wahr, soweit nicht die Zuständigkeit der Beauftragten der Bundesregierung oder des Deutschen Bundestages berührt ist:

1.

Öffentlichkeitsarbeit,

2.

Maßnahmen zur Verhinderung von Benachteiligungen aus den in § 1 genannten Gründen,

3.

Durchführung wissenschaftlicher Untersuchungen zu diesen Benachteiligungen.

(4) Die Antidiskriminierungsstelle des Bundes und die in ihrem Zuständigkeitsbereich betroffenen Beauftragten der Bundesregierung und des Deutschen Bundestages legen gemeinsam dem Deutschen Bundestag alle vier Jahre Berichte über Benachteiligungen aus den in § 1 genannten Gründen vor und geben Empfehlungen zur Beseitigung und Vermeidung dieser Benachteiligungen. Sie können gemeinsam wissenschaftliche Untersuchungen zu Benachteiligungen durchführen.

(5) Die Antidiskriminierungsstelle des Bundes und die in ihrem Zuständigkeitsbereich betroffenen Beauftragten der Bundesregierung und des Deutschen Bundestages sollen bei Benachteiligungen aus mehreren der in § 1 genannten Gründe zusammenarbeiten.

-

§ 28 Befugnisse

(1) Die Antidiskriminierungsstelle des Bundes kann in Fällen des § 27 Abs. 2 Satz 2 Nr. 3 Beteiligte um Stellungnahmen ersuchen, soweit die Person, die sich nach § 27 Abs. 1 an sie gewandt hat, hierzu ihr Einverständnis erklärt.
(2) Alle Bundesbehörden und sonstigen öffentlichen Stellen im Bereich des Bundes sind verpflichtet, die Antidiskriminierungsstelle des Bundes bei der Erfüllung ihrer Aufgaben zu unterstützen, insbesondere die erforderlichen Auskünfte zu erteilen. Die Bestimmungen zum Schutz personenbezogener Daten bleiben unberührt.

-

§ 29 Zusammenarbeit mit Nichtregierungsorganisationen und anderen Einrichtungen

Die Antidiskriminierungsstelle des Bundes soll bei ihrer Tätigkeit Nichtregierungsorganisationen sowie Einrichtungen, die auf europäischer, Bundes-, Landes- oder regionaler Ebene zum Schutz vor Benachteiligungen wegen eines in § 1 genannten Grundes tätig sind, in geeigneter Form einbeziehen.

-

§ 30 Beirat

(1) Zur Förderung des Dialogs mit gesellschaftlichen Gruppen und Organisationen, die sich den Schutz vor Benachteiligungen wegen eines in § 1 genannten Grundes zum Ziel gesetzt haben, wird der Antidiskriminierungsstelle des Bundes ein Beirat beigeordnet. Der Beirat berät die Antidiskriminierungsstelle des Bundes bei der Vorlage von Berichten und Empfehlungen an den Deutschen Bundestag nach § 27 Abs. 4 und kann hierzu sowie zu wissenschaftlichen Untersuchungen nach § 27 Abs. 3 Nr. 3 eigene Vorschläge unterbreiten.
(2) Das Bundesministerium für Familie, Senioren, Frauen und Jugend beruft im Einvernehmen mit der Leitung der Antidiskriminierungsstelle des Bundes sowie den entsprechend zuständigen Beauftragten der Bundesregierung oder des Deutschen Bundestages die Mitglieder dieses Beirats und für jedes Mitglied eine Stellvertretung. In den Beirat sollen Vertreterinnen und Vertreter gesellschaftlicher Gruppen und Organisationen sowie Expertinnen und Experten in Benachteiligungsfragen berufen werden. Die Gesamtzahl der Mitglieder des Beirats soll 16 Personen nicht überschreiten. Der Beirat soll zu gleichen Teilen mit Frauen und Männern besetzt sein.
(3) Der Beirat gibt sich eine Geschäftsordnung, die der Zustimmung des Bundesministeriums für Familie, Senioren, Frauen und Jugend bedarf.
(4) Die Mitglieder des Beirats üben die Tätigkeit nach diesem Gesetz ehrenamtlich aus. Sie haben Anspruch auf Aufwandsentschädigung sowie Reisekostenvergütung, Tagegelder und Übernachtungsgelder. Näheres regelt die Geschäftsordnung.

Abschnitt 7
Schlussvorschriften

§ 31 Unabdingbarkeit

Von den Vorschriften dieses Gesetzes kann nicht zu Ungunsten der geschützten Personen abgewichen werden.

§ 32 Schlussbestimmung

Soweit in diesem Gesetz nicht Abweichendes bestimmt ist, gelten die allgemeinen Bestimmungen.

§ 33 Übergangsbestimmungen

(1) Bei Benachteiligungen nach den §§ 611a, 611b und 612 Abs. 3 des Bürgerlichen Gesetzbuchs oder sexuellen Belästigungen nach dem Beschäftigtenschutzgesetz ist das vor dem 18. August 2006 maßgebliche Recht anzuwenden.

(2) Bei Benachteiligungen aus Gründen der Rasse oder wegen der ethnischen Herkunft sind die §§ 19 bis 21 nicht auf Schuldverhältnisse anzuwenden, die vor dem 18. August 2006 begründet worden sind. Satz 1 gilt nicht für spätere Änderungen von Dauerschuldverhältnissen.

(3) Bei Benachteiligungen wegen des Geschlechts, der Religion, einer Behinderung, des Alters oder der sexuellen Identität sind die §§ 19 bis 21 nicht auf Schuldverhältnisse anzuwenden, die vor dem 1. Dezember 2006 begründet worden sind. Satz 1 gilt nicht für spätere Änderungen von Dauerschuldverhältnissen.

(4) Auf Schuldverhältnisse, die eine privatrechtliche Versicherung zum Gegenstand haben, ist § 19 Abs. 1 nicht anzuwenden, wenn diese vor dem 22. Dezember 2007 begründet worden sind. Satz 1 gilt nicht für spätere Änderungen solcher Schuldverhältnisse.

(5) Bei Versicherungsverhältnissen, die vor dem 21. Dezember 2012 begründet werden, ist eine unterschiedliche Behandlung wegen des Geschlechts im Falle des § 19 Absatz 1 Nummer 2 bei den Prämien oder Leistungen nur zulässig, wenn dessen Berücksichtigung bei einer auf relevanten und genauen versicherungsmathematischen und statistischen Daten beruhenden Risikobewertung ein bestimmender Faktor ist. Kosten im Zusammenhang mit Schwangerschaft und Mutterschaft dürfen auf keinen Fall zu unterschiedlichen Prämien oder Leistungen führen.

Verordnung über die verbrauchsabhängige Abrechnung der Heiz- und Warmwasserkosten

Verordnung über Heizkostenabrechnung - HeizkostenV

Ausfertigungsdatum: 23.02.1981

"Verordnung über Heizkostenabrechnung in der Fassung der Bekanntmachung vom 5. Oktober 2009 (BGBl. I S. 3250)". Neugefasst durch Bek. v. 5.10.2009 I 3250

Fußnote
(+++ Textnachweis Geltung ab: 1.5.1984 +++)
(+++ Maßgaben aufgrund des EinigVtr vgl. HeizkostenV Anhang EV +++)
(+++ Amtlicher Hinweis des Normgebers auf EG-Recht:
  Umsetzung der
    EGRL 32/2006 (CELEX Nr: 306L0032) vgl. V v. 2.12.2008 I 2375
      u. Bek. v. 5.10.2009 I 3250 +++)

Diese Verordnung wurde aufgrund des § 2 Abs. 2 u. 3 sowie der §§ 3a u. 5 des Energieeinsparungsgesetzes vom 22.7.1976 I 1873 von den Bundesministern für Wirtschaft u. für Raumordnung, Bauwesen und Städtebau erlassen.

§ 1 Anwendungsbereich

(1) Diese Verordnung gilt für die Verteilung der Kosten

1.
    des Betriebs zentraler Heizungsanlagen und zentraler Warmwasserversorgungsanlagen,
2.
    der eigenständig gewerblichen Lieferung von Wärme und Warmwasser, auch aus Anlagen nach Nummer 1, (Wärmelieferung, Warmwasserlieferung)

durch den Gebäudeeigentümer auf die Nutzer der mit Wärme oder Warmwasser versorgten Räume.

(2) Dem Gebäudeeigentümer stehen gleich

1.
    der zur Nutzungsüberlassung in eigenem Namen und für eigene Rechnung Berechtigte,
2.
    derjenige, dem der Betrieb von Anlagen im Sinne des § 1 Absatz 1 Nummer 1 in der Weise übertragen worden ist, dass er dafür ein Entgelt vom Nutzer zu fordern berechtigt ist,
3.
    beim Wohnungseigentum die Gemeinschaft der Wohnungseigentümer im Verhältnis zum Wohnungseigentümer, bei Vermietung einer oder mehrerer Eigentumswohnungen der Wohnungseigentümer im Verhältnis zum Mieter.

(3) Diese Verordnung gilt auch für die Verteilung der Kosten der Wärmelieferung und Warmwasserlieferung auf die Nutzer der mit Wärme oder Warmwasser versorgten Räume, soweit der Lieferer unmittelbar mit den Nutzern abrechnet und dabei nicht den für den einzelnen Nutzer gemessenen Verbrauch, sondern die Anteile der Nutzer am Gesamtverbrauch zu Grunde legt; in diesen Fällen gelten die Rechte und Pflichten des Gebäudeeigentümers aus dieser Verordnung für den Lieferer.

(4) Diese Verordnung gilt auch für Mietverhältnisse über preisgebundenen Wohnraum, soweit für diesen nichts anderes bestimmt ist.

§ 2 Vorrang vor rechtsgeschäftlichen Bestimmungen

Außer bei Gebäuden mit nicht mehr als zwei Wohnungen, von denen eine der Vermieter selbst bewohnt, gehen die Vorschriften dieser Verordnung rechtsgeschäftlichen Bestimmungen vor.

§ 3 Anwendung auf das Wohnungseigentum

Die Vorschriften dieser Verordnung sind auf Wohnungseigentum anzuwenden unabhängig davon, ob durch Vereinbarung oder Beschluss der Wohnungseigentümer abweichende Bestimmungen über die Verteilung der Kosten der Versorgung mit Wärme und Warmwasser getroffen worden sind. Auf die Anbringung und Auswahl der Ausstattung nach den §§ 4 und 5 sowie auf die Verteilung der Kosten und die sonstigen Entscheidungen des Gebäudeeigentümers nach den §§ 6 bis 9b und 11 sind die Regelungen entsprechend anzuwenden, die für die Verwaltung des gemeinschaftlichen Eigentums im Wohnungseigentumsgesetz enthalten oder durch Vereinbarung der Wohnungseigentümer getroffen worden sind. Die Kosten für die Anbringung der Ausstattung sind entsprechend den dort vorgesehenen Regelungen über die Tragung der Verwaltungskosten zu verteilen.

§ 4 Pflicht zur Verbrauchserfassung

(1) Der Gebäudeeigentümer hat den anteiligen Verbrauch der Nutzer an Wärme und Warmwasser zu erfassen.

(2) Er hat dazu die Räume mit Ausstattungen zur Verbrauchserfassung zu versehen; die Nutzer haben dies zu dulden. Will der Gebäudeeigentümer die Ausstattung zur Verbrauchserfassung mieten oder durch eine andere Art der Gebrauchsüberlassung beschaffen, so hat er dies den Nutzern vorher unter Angabe der dadurch entstehenden Kosten mitzuteilen; die Maßnahme ist unzulässig, wenn die Mehrheit der Nutzer innerhalb eines Monats nach Zugang der Mitteilung widerspricht. Die Wahl der Ausstattung bleibt im Rahmen des § 5 dem Gebäudeeigentümer überlassen.

(3) Gemeinschaftlich genutzte Räume sind von der Pflicht zur Verbrauchserfassung ausgenommen. Dies gilt nicht für Gemeinschaftsräume mit nutzungsbedingt hohem Wärme- oder Warmwasserverbrauch, wie Schwimmbäder oder Saunen.

(4) Der Nutzer ist berechtigt, vom Gebäudeeigentümer die Erfüllung dieser Verpflichtungen zu verlangen.

-

§ 5 Ausstattung zur Verbrauchserfassung

(1) Zur Erfassung des anteiligen Wärmeverbrauchs sind Wärmezähler oder Heizkostenverteiler, zur Erfassung des anteiligen Warmwasserverbrauchs Warmwasserzähler oder andere geeignete Ausstattungen zu verwenden. Soweit nicht eichrechtliche Bestimmungen zur Anwendung kommen, dürfen nur solche Ausstattungen zur Verbrauchserfassung verwendet werden, hinsichtlich derer sachverständige Stellen bestätigt haben, dass sie den anerkannten Regeln der Technik entsprechen oder dass ihre Eignung auf andere Weise nachgewiesen wurde. Als sachverständige Stellen gelten nur solche Stellen, deren Eignung die nach Landesrecht zuständige Behörde im Benehmen mit der Physikalisch-Technischen Bundesanstalt bestätigt hat. Die Ausstattungen müssen für das jeweilige Heizsystem geeignet sein und so angebracht werden, dass ihre technisch einwandfreie Funktion gewährleistet ist.

(2) Wird der Verbrauch der von einer Anlage im Sinne des § 1 Absatz 1 versorgten Nutzer nicht mit gleichen Ausstattungen erfasst, so sind zunächst durch Vorerfassung vom Gesamtverbrauch die Anteile der Gruppen von Nutzern zu erfassen, deren Verbrauch mit gleichen Ausstattungen erfasst wird. Der Gebäudeeigentümer kann auch bei unterschiedlichen Nutzungs- oder Gebäudearten oder aus anderen sachgerechten Gründen eine Vorerfassung nach Nutzergruppen durchführen.

-

§ 6 Pflicht zur verbrauchsabhängigen Kostenverteilung

(1) Der Gebäudeeigentümer hat die Kosten der Versorgung mit Wärme und Warmwasser auf der Grundlage der Verbrauchserfassung nach Maßgabe der §§ 7 bis 9 auf die einzelnen Nutzer zu verteilen. Das Ergebnis der Ablesung soll dem Nutzer in der Regel innerhalb eines Monats mitgeteilt werden. Eine gesonderte Mitteilung ist nicht erforderlich, wenn das Ableseergebnis über einen längeren Zeitraum in den Räumen des Nutzers gespeichert ist und von diesem selbst abgerufen werden kann. Einer gesonderten Mitteilung des Warmwasserverbrauchs bedarf es auch dann nicht, wenn in der Nutzeinheit ein Warmwasserzähler eingebaut ist.

(2) In den Fällen des § 5 Absatz 2 sind die Kosten zunächst mindestens zu 50 vom Hundert nach dem Verhältnis der erfassten Anteile am Gesamtverbrauch auf die Nutzergruppen aufzuteilen. Werden die Kosten nicht vollständig nach dem Verhältnis der erfassten Anteile am Gesamtverbrauch aufgeteilt, sind

1.
     die übrigen Kosten der Versorgung mit Wärme nach der Wohn- oder Nutzfläche oder nach dem umbauten Raum auf die einzelnen Nutzergruppen zu verteilen; es kann auch die Wohn- oder Nutzfläche oder der umbaute Raum der beheizten Räume zu Grunde gelegt werden,

2.

die übrigen Kosten der Versorgung mit Warmwasser nach der Wohn- oder Nutzfläche auf die einzelnen Nutzergruppen zu verteilen.
Die Kostenanteile der Nutzergruppen sind dann nach Absatz 1 auf die einzelnen Nutzer zu verteilen.
(3) In den Fällen des § 4 Absatz 3 Satz 2 sind die Kosten nach dem Verhältnis der erfassten Anteile am Gesamtverbrauch auf die Gemeinschaftsräume und die übrigen Räume aufzuteilen. Die Verteilung der auf die Gemeinschaftsräume entfallenden anteiligen Kosten richtet sich nach rechtsgeschäftlichen Bestimmungen.
(4) Die Wahl der Abrechnungsmaßstäbe nach Absatz 2 sowie nach § 7 Absatz 1 Satz 1, §§ 8 und 9 bleibt dem Gebäudeeigentümer überlassen. Er kann diese für künftige Abrechnungszeiträume durch Erklärung gegenüber den Nutzern ändern

1.

bei der Einführung einer Vorerfassung nach Nutzergruppen,

2.

nach Durchführung von baulichen Maßnahmen, die nachhaltig Einsparungen von Heizenergie bewirken oder

3.

aus anderen sachgerechten Gründen nach deren erstmaliger Bestimmung.
Die Festlegung und die Änderung der Abrechnungsmaßstäbe sind nur mit Wirkung zum Beginn eines Abrechnungszeitraumes zulässig.

-

§ 7 Verteilung der Kosten der Versorgung mit Wärme

(1) Von den Kosten des Betriebs der zentralen Heizungsanlage sind mindestens 50 vom Hundert, höchstens 70 vom Hundert nach dem erfassten Wärmeverbrauch der Nutzer zu verteilen. In Gebäuden, die das Anforderungsniveau der Wärmeschutzverordnung vom 16. August 1994 (BGBl. I S. 2121) nicht erfüllen, die mit einer Öl- oder Gasheizung versorgt werden und in denen die freiliegenden Leitungen der Wärmeverteilung überwiegend gedämmt sind, sind von den Kosten des Betriebs der zentralen Heizungsanlage 70 vom Hundert nach dem erfassten Wärmeverbrauch der Nutzer zu verteilen. In Gebäuden, in denen die freiliegenden Leitungen der Wärmeverteilung überwiegend ungedämmt sind und deswegen ein wesentlicher Anteil des Wärmeverbrauchs nicht erfasst wird, kann der Wärmeverbrauch der Nutzer nach anerkannten Regeln der Technik bestimmt werden. Der so bestimmte Verbrauch der einzelnen Nutzer wird als erfasster Wärmeverbrauch nach Satz 1 berücksichtigt. Die übrigen Kosten sind nach der Wohn- oder Nutzfläche oder nach dem umbauten Raum zu verteilen; es kann auch die Wohn- oder Nutzfläche oder der umbaute Raum der beheizten Räume zu Grunde gelegt werden.
(2) Zu den Kosten des Betriebs der zentralen Heizungsanlage einschließlich der Abgasanlage gehören die Kosten der verbrauchten Brennstoffe und ihrer Lieferung, die Kosten des Betriebsstromes, die Kosten der Bedienung, Überwachung und Pflege der Anlage, der regelmäßigen Prüfung ihrer Betriebsbereitschaft und Betriebssicherheit einschließlich der Einstellung durch eine Fachkraft, der Reinigung der Anlage und des Betriebsraumes, die Kosten der Messungen nach dem Bundes-Immissionsschutzgesetz, die Kosten der Anmietung oder anderer Arten der Gebrauchsüberlassung einer Ausstattung zur Verbrauchserfassung sowie die Kosten der Verwendung einer Ausstattung zur Verbrauchserfassung einschließlich der Kosten der Eichung sowie der Kosten der Berechnung, Aufteilung und Verbrauchsanalyse. Die Verbrauchsanalyse sollte insbesondere die Entwicklung der Kosten für die Heizwärme- und Warmwasserversorgung der vergangenen drei Jahre wiedergeben.
(3) Für die Verteilung der Kosten der Wärmelieferung gilt Absatz 1 entsprechend.
(4) Zu den Kosten der Wärmelieferung gehören das Entgelt für die Wärmelieferung und die Kosten des Betriebs der zugehörigen Hausanlagen entsprechend Absatz 2.

§ 8 Verteilung der Kosten der Versorgung mit Warmwasser

(1) Von den Kosten des Betriebs der zentralen Warmwasserversorgungsanlage sind mindestens 50 vom Hundert, höchstens 70 vom Hundert nach dem erfassten Warmwasserverbrauch, die übrigen Kosten nach der Wohn- oder Nutzfläche zu verteilen.

(2) Zu den Kosten des Betriebs der zentralen Warmwasserversorgungsanlage gehören die Kosten der Wasserversorgung, soweit sie nicht gesondert abgerechnet werden, und die Kosten der Wassererwärmung entsprechend § 7 Absatz 2. Zu den Kosten der Wasserversorgung gehören die Kosten des Wasserverbrauchs, die Grundgebühren und die Zählermiete, die Kosten der Verwendung von Zwischenzählern, die Kosten des Betriebs einer hauseigenen Wasserversorgungsanlage und einer Wasseraufbereitungsanlage einschließlich der Aufbereitungsstoffe.

(3) Für die Verteilung der Kosten der Warmwasserlieferung gilt Absatz 1 entsprechend.

(4) Zu den Kosten der Warmwasserlieferung gehören das Entgelt für die Lieferung des Warmwassers und die Kosten des Betriebs der zugehörigen Hausanlagen entsprechend § 7 Absatz 2.

§ 9 Verteilung der Kosten der Versorgung mit Wärme und Warmwasser bei verbundenen Anlagen

(1) Ist die zentrale Anlage zur Versorgung mit Wärme mit der zentralen Warmwasserversorgungsanlage verbunden, so sind die einheitlich entstandenen Kosten des Betriebs aufzuteilen. Die Anteile an den einheitlich entstandenen Kosten sind bei Anlagen mit Heizkesseln nach den Anteilen am Brennstoffverbrauch oder am Energieverbrauch, bei eigenständiger gewerblicher Wärmelieferung nach den Anteilen am Wärmeverbrauch zu bestimmen. Kosten, die nicht einheitlich entstanden sind, sind dem Anteil an den einheitlich entstandenen Kosten hinzuzurechnen. Der Anteil der zentralen Anlage zur Versorgung mit Wärme ergibt sich aus dem gesamten Verbrauch nach Abzug des Verbrauchs der zentralen Warmwasserversorgungsanlage. Bei Anlagen, die weder durch Heizkessel noch durch eigenständige gewerbliche Wärmelieferung mit Wärme versorgt werden, können anerkannte Regeln der Technik zur Aufteilung der Kosten verwendet werden. Der Anteil der zentralen Warmwasserversorgungsanlage am Wärmeverbrauch ist nach Absatz 2, der Anteil am Brennstoffverbrauch nach Absatz 3 zu ermitteln.

(2) Die auf die zentrale Warmwasserversorgungsanlage entfallende Wärmemenge (Q) ist ab dem 31. Dezember 2013 mit einem Wärmezähler zu messen. Kann die Wärmemenge nur mit einem unzumutbar hohen Aufwand gemessen werden, kann sie nach der Gleichung

$$Q = 2,5 \cdot \frac{kWh}{m^3 \cdot K} \cdot V \cdot (t_w - 10\ °C)$$

bestimmt werden. Dabei sind zu Grunde zu legen

1. das gemessene Volumen des verbrauchten Warmwassers (V) in Kubikmetern (m^3);

2. die gemessene oder geschätzte mittlere Temperatur des Warmwassers (t_w) in Grad Celsius (°C).

Wenn in Ausnahmefällen weder die Wärmemenge noch das Volumen des verbrauchten Warmwassers gemessen werden können, kann die auf die zentrale Warmwasserversorgungsanlage entfallende Wärmemenge nach folgender Gleichung bestimmt werden

$$Q = 32 \cdot \frac{kWh}{m^2\ A_{Wohn}} \cdot A_{Wohn}$$

Dabei ist die durch die zentrale Anlage mit Warmwasser versorgte Wohn- oder Nutzfläche (A_{Wohn}) zu Grunde zu legen. Die nach den Gleichungen in Satz 2 oder 4 bestimmte Wärmemenge (Q) ist

1.

2. bei brennwertbezogener Abrechnung von Erdgas mit 1,11 zu multiplizieren und

bei eigenständiger gewerblicher Wärmelieferung durch 1,15 zu dividieren.

(3) Bei Anlagen mit Heizkesseln ist der Brennstoffverbrauch der zentralen Warmwasserversorgungsanlage (B) in Litern, Kubikmetern, Kilogramm oder Schüttraummetern nach der Gleichung

$$B = \frac{Q}{H_i}$$

zu bestimmen. Dabei sind zu Grunde zu legen

1. die auf die zentrale Warmwasserversorgungsanlage entfallende Wärmemenge (Q) nach Absatz 2 in kWh;

2. der Heizwert des verbrauchten Brennstoffes (H_i) in Kilowattstunden (kWh) je Liter (l), Kubikmeter (m^3), Kilogramm (kg) oder Schüttraummeter (SRm). Als H_i-Werte können verwendet werden für

Leichtes Heizöl EL	10 kWh/l
Schweres Heizöl	10,9 kWh/l
Erdgas H	10 kWh/m^3
Erdgas L	9 kWh/m^3
Flüssiggas	13 kWh/kg
Koks	8 kWh/kg
Braunkohle	5,5 kWh/kg
Steinkohle	8 kWh/kg
Holz (lufttrocken)	4,1 kWh/kg
Holzpellets	5 kWh/kg
Holzhackschnitzel	650 kWh/SRm.

Enthalten die Abrechnungsunterlagen des Energieversorgungsunternehmens oder Brennstofflieferanten H_i-Werte, so sind diese zu verwenden. Soweit die Abrechnung über kWh-Werte erfolgt, ist eine Umrechnung in Brennstoffverbrauch nicht erforderlich.

(4) Der Anteil an den Kosten der Versorgung mit Wärme ist nach § 7 Absatz 1, der Anteil an den Kosten der Versorgung mit Warmwasser nach § 8 Absatz 1 zu verteilen, soweit diese Verordnung nichts anderes bestimmt oder zulässt.

-

§ 9a Kostenverteilung in Sonderfällen

(1) Kann der anteilige Wärme- oder Warmwasserverbrauch von Nutzern für einen Abrechnungszeitraum wegen Geräteausfalls oder aus anderen zwingenden Gründen nicht ordnungsgemäß erfasst werden, ist er vom Gebäudeeigentümer auf der Grundlage des Verbrauchs der betroffenen Räume in vergleichbaren Zeiträumen oder des Verbrauchs vergleichbarer anderer Räume im jeweiligen Abrechnungszeitraum oder des Durchschnittsverbrauchs des Gebäudes oder der Nutzergruppe zu ermitteln. Der so ermittelte anteilige Verbrauch ist bei der Kostenverteilung anstelle des erfassten Verbrauchs zu Grunde zu legen.

(2) Überschreitet die von der Verbrauchsermittlung nach Absatz 1 betroffene Wohn- oder Nutzfläche oder der umbaute Raum 25 vom Hundert der für die Kostenverteilung maßgeblichen gesamten Wohn- oder Nutzfläche oder des maßgeblichen gesamten umbauten Raumes, sind die Kosten ausschließlich nach den nach § 7 Absatz 1 Satz 5 und § 8 Absatz 1 für die Verteilung der

übrigen Kosten zu Grunde zu legenden Maßstäben zu verteilen.

-

§ 9b Kostenaufteilung bei Nutzerwechsel

(1) Bei Nutzerwechsel innerhalb eines Abrechnungszeitraumes hat der Gebäudeeigentümer eine Ablesung der Ausstattung zur Verbrauchserfassung der vom Wechsel betroffenen Räume (Zwischenablesung) vorzunehmen.
(2) Die nach dem erfassten Verbrauch zu verteilenden Kosten sind auf der Grundlage der Zwischenablesung, die übrigen Kosten des Wärmeverbrauchs auf der Grundlage der sich aus anerkannten Regeln der Technik ergebenden Gradtagszahlen oder zeitanteilig und die übrigen Kosten des Warmwasserverbrauchs zeitanteilig auf Vor- und Nachnutzer aufzuteilen.
(3) Ist eine Zwischenablesung nicht möglich oder lässt sie wegen des Zeitpunktes des Nutzerwechsels aus technischen Gründen keine hinreichend genaue Ermittlung der Verbrauchsanteile zu, sind die gesamten Kosten nach den nach Absatz 2 für die übrigen Kosten geltenden Maßstäben aufzuteilen.
(4) Von den Absätzen 1 bis 3 abweichende rechtsgeschäftliche Bestimmungen bleiben unberührt.

-

§ 10 Überschreitung der Höchstsätze

Rechtsgeschäftliche Bestimmungen, die höhere als die in § 7 Absatz 1 und § 8 Absatz 1 genannten Höchstsätze von 70 vom Hundert vorsehen, bleiben unberührt.

-

§ 11 Ausnahmen

(1) Soweit sich die §§ 3 bis 7 auf die Versorgung mit Wärme beziehen, sind sie nicht anzuwenden

1.
   auf Räume,
   a)
      in Gebäuden, die einen Heizwärmebedarf von weniger als 15 kWh/($m^2 \cdot$ a) aufweisen,
   b)
      bei denen das Anbringen der Ausstattung zur Verbrauchserfassung, die Erfassung des Wärmeverbrauchs oder die Verteilung der Kosten des Wärmeverbrauchs nicht oder nur mit unverhältnismäßig hohen Kosten möglich ist; unverhältnismäßig hohe Kosten liegen vor, wenn diese nicht durch die Einsparungen, die in der Regel innerhalb von zehn Jahren erzielt werden können, erwirtschaftet werden können; oder
   c)
      die vor dem 1. Juli 1981 bezugsfertig geworden sind und in denen der Nutzer den Wärmeverbrauch nicht beeinflussen kann;
2.
   a)
      auf Alters- und Pflegeheime, Studenten- und Lehrlingsheime,
   b)
      auf vergleichbare Gebäude oder Gebäudeteile, deren Nutzung Personengruppen vorbehalten ist, mit denen wegen ihrer besonderen persönlichen Verhältnisse regelmäßig keine üblichen Mietverträge abgeschlossen werden;
3.
   auf Räume in Gebäuden, die überwiegend versorgt werden
   a)
      mit Wärme aus Anlagen zur Rückgewinnung von Wärme oder aus Wärmepumpen- oder Solaranlagen oder

b)

  mit Wärme aus Anlagen der Kraft-Wärme-Kopplung oder aus Anlagen zur Verwertung von Abwärme, sofern der Wärmeverbrauch des Gebäudes nicht erfasst wird;

4.

  auf die Kosten des Betriebs der zugehörigen Hausanlagen, soweit diese Kosten in den Fällen des § 1 Absatz 3 nicht in den Kosten der Wärmelieferung enthalten sind, sondern vom Gebäudeeigentümer gesondert abgerechnet werden;

5.

  in sonstigen Einzelfällen, in denen die nach Landesrecht zuständige Stelle wegen besonderer Umstände von den Anforderungen dieser Verordnung befreit hat, um einen unangemessenen Aufwand oder sonstige unbillige Härten zu vermeiden.

(2) Soweit sich die §§ 3 bis 6 und § 8 auf die Versorgung mit Warmwasser beziehen, gilt Absatz 1 entsprechend.

-

§ 12 Kürzungsrecht, Übergangsregelung

(1) Soweit die Kosten der Versorgung mit Wärme oder Warmwasser entgegen den Vorschriften dieser Verordnung nicht verbrauchsabhängig abgerechnet werden, hat der Nutzer das Recht, bei der nicht verbrauchsabhängigen Abrechnung der Kosten den auf ihn entfallenden Anteil um 15 vom Hundert zu kürzen. Dies gilt nicht beim Wohnungseigentum im Verhältnis des einzelnen Wohnungseigentümers zur Gemeinschaft der Wohnungseigentümer; insoweit verbleibt es bei den allgemeinen Vorschriften.

(2) Die Anforderungen des § 5 Absatz 1 Satz 2 gelten bis zum 31. Dezember 2013 als erfüllt

1.

  für die am 1. Januar 1987 für die Erfassung des anteiligen Warmwasserverbrauchs vorhandenen Warmwasserkostenverteiler und

2.

  für die am 1. Juli 1981 bereits vorhandenen sonstigen Ausstattungen zur Verbrauchserfassung.

(3) Bei preisgebundenen Wohnungen im Sinne der Neubaumietenverordnung 1970 gilt Absatz 2 mit der Maßgabe, dass an die Stelle des Datums "1. Juli 1981" das Datum "1. August 1984" tritt.

(4) § 1 Absatz 3, § 4 Absatz 3 Satz 2 und § 6 Absatz 3 gelten für Abrechnungszeiträume, die nach dem 30. September 1989 beginnen; rechtsgeschäftliche Bestimmungen über eine frühere Anwendung dieser Vorschriften bleiben unberührt.

(5) Wird in den Fällen des § 1 Absatz 3 der Wärmeverbrauch der einzelnen Nutzer am 30. September 1989 mit Einrichtungen zur Messung der Wassermenge ermittelt, gilt die Anforderung des § 5 Absatz 1 Satz 1 als erfüllt.

(6) Auf Abrechnungszeiträume, die vor dem 1. Januar 2009 begonnen haben, ist diese Verordnung in der bis zum 31. Dezember 2008 geltenden Fassung weiter anzuwenden.

-

§ 13 (Berlin-Klausel)

-

§ 14 (Inkrafttreten)

-

Abschnitt III
Bundesrecht tritt in dem in Artikel 3 des Vertrages genannten Gebiet mit folgenden Maßgaben in Kraft:
...
Verordnung über Heizkostenabrechnung in der Fassung der Bekanntmachung vom 20. Januar 1989 (BGBl. I S. 115)
mit folgenden Maßgaben:

a)

Die Verordnung tritt zum 1. Januar 1991 in Kraft. Bis zum 31. Dezember 1990 kann in dem in Artikel 3 des Vertrages genannten Gebiet nach den bisherigen Regeln verfahren werden.

b)

Räume, die vor dem 1. Januar 1991 bezugsfertig geworden sind und in denen die nach der Verordnung erforderliche Ausstattung zur Verbrauchserfassung noch nicht vorhanden ist, sind bis spätestens zum 31. Dezember 1995 auszustatten. Der Gebäudeeigentümer ist berechtigt, die Ausstattung bereits vor dem 31. Dezember 1995 anzubringen.

c)

Soweit und solange die nach Landesrecht zuständigen Behörden des in Artikel 3 des Vertrages genannten Gebietes noch nicht die Eignung sachverständiger Stellen gemäß § 5 Abs. 1 Satz 2 und 3 der Verordnung bestätigt haben, können Ausstattungen zur Verbrauchserfassung verwendet werden für die eine sachverständige Stelle aus dem Gebiet, in dem die Verordnung schon vor dem Beitritt gegolten hat, die Bestätigung im Sinne von § 5 Abs. 1 Satz 2 erteilt hat.

d)

Als Heizwerte der verbrauchten Brennstoffe (Hu) nach § 9 Abs. 2 Ziff. 3 können auch verwendet werden:

Braunkohlenbrikett   5,5 kWh/kg
Braunkohlenhochtemperaturkoks   8,0 kWh/kg

e)

Die Vorschriften dieser Verordnung über die Kostenverteilung gelten erstmalig für den Abrechnungszeitraum, der nach dem Anbringen der Ausstattung beginnt.

f)

§ 11 Abs. 1 Nr. 1 Buchstabe b) ist mit der Maßgabe anzuwenden, daß an die Stelle des Datums "1. Juli 1981" das Datum "1. Januar 1991" tritt.

g)

§ 12 Abs. 2 ist mit der Maßgabe anzuwenden, daß an die Stelle der Daten "1. Januar 1987" und "1. Juli 1981" jeweils das Datum "1. Januar 1991" tritt.

Verordnung zur Berechnung der Wohnfläche

Wohnflächenverordnung - WoFlV

WoFlV

Ausfertigungsdatum: 25.11.2003

"Wohnflächenverordnung vom 25. November 2003 (BGBl. I S. 2346)"

Fußnote

(+++ Textnachweis ab: 1. 1.2004 +++)

Die V wurde als Artikel 1 d. V v. 25.11.2003 I 2346 von der Bundesregierung und dem Bundesministerium für Familie, Senioren, Frauen und Jugend im Einvernehmen mit dem Bundesministerium für Wirtschaft und Arbeit, dem Bundesministerium für Verkehr, Bau- und Wohnungswesen und dem Bundesministerium für Gesundheit und Soziale Sicherung mit Zustimmung des Bundesrates verordnet. Sie ist gem. Art. 6 der V mWv 1.1.2004 in Kraft getreten.

§ 1 Anwendungsbereich, Berechnung der Wohnfläche

(1) Wird nach dem Wohnraumförderungsgesetz die Wohnfläche berechnet, sind die Vorschriften dieser Verordnung anzuwenden.

(2) Zur Berechnung der Wohnfläche sind die nach § 2 zur Wohnfläche gehörenden Grundflächen nach § 3 zu ermitteln und nach § 4 auf die Wohnfläche anzurechnen.

§ 2 Zur Wohnfläche gehörende Grundflächen

(1) Die Wohnfläche einer Wohnung umfasst die Grundflächen der Räume, die ausschließlich zu dieser Wohnung gehören. Die Wohnfläche eines Wohnheims umfasst die Grundflächen der Räume, die zur alleinigen und gemeinschaftlichen Nutzung durch die Bewohner bestimmt sind.

(2) Zur Wohnfläche gehören auch die Grundflächen von

1.
   Wintergärten, Schwimmbädern und ähnlichen nach allen Seiten geschlossenen Räumen sowie

2.
   Balkonen, Loggien, Dachgärten und Terrassen,

wenn sie ausschließlich zu der Wohnung oder dem Wohnheim gehören.

(3) Zur Wohnfläche gehören nicht die Grundflächen folgender Räume:

1.
   Zubehörräume, insbesondere:

   a)
      Kellerräume,

   b)
      Abstellräume und Kellerersatzräume außerhalb der Wohnung,

   c)
      Waschküchen,

   d)
      Bodenräume,

   e)

f)

Trockenräume,

g)

Heizungsräume und

Garagen,

2.

Räume, die nicht den an ihre Nutzung zu stellenden Anforderungen des Bauordnungsrechts der Länder genügen, sowie

3.

Geschäftsräume.

§ 3 Ermittlung der Grundfläche

(1) Die Grundfläche ist nach den lichten Maßen zwischen den Bauteilen zu ermitteln; dabei ist von der Vorderkante der Bekleidung der Bauteile auszugehen. Bei fehlenden begrenzenden Bauteilen ist der bauliche Abschluss zu Grunde zu legen.

(2) Bei der Ermittlung der Grundfläche sind namentlich einzubeziehen die Grundflächen von

1.

Tür- und Fensterbekleidungen sowie Tür- und Fensterumrahmungen,

2.

Fuß-, Sockel- und Schrammleisten,

3.

fest eingebauten Gegenständen, wie z. B. Öfen, Heiz- und Klimageräten, Herden, Bade- oder Duschwannen,

4.

freiliegenden Installationen,

5.

Einbaumöbeln und

6.

nicht ortsgebundenen, versetzbaren Raumteilern.

(3) Bei der Ermittlung der Grundflächen bleiben außer Betracht die Grundflächen von

1.

Schornsteinen, Vormauerungen, Bekleidungen, freistehenden Pfeilern und Säulen, wenn sie eine Höhe von mehr als 1,50 Meter aufweisen und ihre Grundfläche mehr als 0,1 Quadratmeter beträgt,

2.

Treppen mit über drei Steigungen und deren Treppenabsätze,

3.

Türnischen und

4.

Fenster- und offenen Wandnischen, die nicht bis zum Fußboden herunterreichen oder bis zum Fußboden herunterreichen und 0,13 Meter oder weniger tief sind.

(4) Die Grundfläche ist durch Ausmessung im fertig gestellten Wohnraum oder auf Grund einer Bauzeichnung zu ermitteln. Wird die Grundfläche auf Grund einer Bauzeichnung ermittelt, muss diese

1.

für ein Genehmigungs-, Anzeige-, Genehmigungsfreistellungs- oder ähnliches Verfahren nach dem Bauordnungsrecht der Länder gefertigt oder, wenn ein bauordnungsrechtliches Verfahren nicht erforderlich ist, für ein solches geeignet sein und

2.

die Ermittlung der lichten Maße zwischen den Bauteilen im Sinne des Absatzes 1 ermöglichen.

Ist die Grundfläche nach einer Bauzeichnung ermittelt worden und ist abweichend von dieser Bauzeichnung gebaut worden, ist die Grundfläche durch Ausmessung im fertig gestellten

Wohnraum oder auf Grund einer berichtigten Bauzeichnung neu zu ermitteln.

§ 4 Anrechnung der Grundflächen

Die Grundflächen

1.

von Räumen und Raumteilen mit einer lichten Höhe von mindestens zwei Metern sind vollständig,

2.

von Räumen und Raumteilen mit einer lichten Höhe von mindestens einem Meter und weniger als zwei Metern sind zur Hälfte,

3.

von unbeheizbaren Wintergärten, Schwimmbädern und ähnlichen nach allen Seiten geschlossenen Räumen sind zur Hälfte,

4.

von Balkonen, Loggien, Dachgärten und Terrassen sind in der Regel zu einem Viertel, höchstens jedoch zur Hälfte

anzurechnen.

§ 5 Überleitungsvorschrift

Ist die Wohnfläche bis zum 31. Dezember 2003 nach der Zweiten Berechnungsverordnung in der Fassung der Bekanntmachung vom 12. Oktober 1990 (BGBl. I S. 2178), zuletzt geändert durch Artikel 3 der Verordnung vom 25. November 2003 (BGBl. I S. 2346), in der jeweils geltenden Fassung berechnet worden, bleibt es bei dieser Berechnung. Soweit in den in Satz 1 genannten Fällen nach dem 31. Dezember 2003 bauliche Änderungen an dem Wohnraum vorgenommen werden, die eine Neuberechnung der Wohnfläche erforderlich machen, sind die Vorschriften dieser Verordnung anzuwenden.

Verordnung über die Aufstellung von Betriebskosten

Betriebskostenverordnung - BetrKV

-

BetrKV

Ausfertigungsdatum: 25.11.2003

"Betriebskostenverordnung vom 25. November 2003 (BGBl. I S. 2346, 2347), die durch Artikel 4 des Gesetzes vom 3. Mai 2012 (BGBl. I S. 958) geändert worden ist". Geändert durch Art. 4 G v. 3.5.2012 I 958

Fußnote
(+++ Textnachweis ab: 1. 1.2004 +++)

Die V wurde als Artikel 1 d. V v. 25.11.2003 I 2346 von der Bundesregierung und dem Bundesministerium für Familie, Senioren, Frauen und Jugend im Einvernehmen mit dem Bundesministerium für Wirtschaft und Arbeit, dem Bundesministerium für Verkehr, Bau- und Wohnungswesen und dem Bundesministerium für Gesundheit und Soziale Sicherung mit

Zustimmung des Bundesrates verordnet. Sie ist gem. Art. 6 der V mWv 1.1.2004 in Kraft getreten.

§ 1 Betriebskosten

(1) Betriebskosten sind die Kosten, die dem Eigentümer oder Erbbauberechtigten durch das Eigentum oder Erbbaurecht am Grundstück oder durch den bestimmungsmäßigen Gebrauch des Gebäudes, der Nebengebäude, Anlagen, Einrichtungen und des Grundstücks laufend entstehen. Sach- und Arbeitsleistungen des Eigentümers oder Erbbauberechtigten dürfen mit dem Betrag angesetzt werden, der für eine gleichwertige Leistung eines Dritten, insbesondere eines Unternehmers, angesetzt werden könnte; die Umsatzsteuer des Dritten darf nicht angesetzt werden.

(2) Zu den Betriebskosten gehören nicht:

1.
   die Kosten der zur Verwaltung des Gebäudes erforderlichen Arbeitskräfte und Einrichtungen, die Kosten der Aufsicht, der Wert der vom Vermieter persönlich geleisteten Verwaltungsarbeit, die Kosten für die gesetzlichen oder freiwilligen Prüfungen des Jahresabschlusses und die Kosten für die Geschäftsführung (Verwaltungskosten),

2.
   die Kosten, die während der Nutzungsdauer zur Erhaltung des bestimmungsmäßigen Gebrauchs aufgewendet werden müssen, um die durch Abnutzung, Alterung und Witterungseinwirkung entstehenden baulichen oder sonstigen Mängel ordnungsgemäß zu beseitigen (Instandhaltungs- und Instandsetzungskosten).

§ 2 Aufstellung der Betriebskosten

Betriebskosten im Sinne von § 1 sind:

1.
   die laufenden öffentlichen Lasten des Grundstücks, hierzu gehört namentlich die Grundsteuer;

2.
   die Kosten der Wasserversorgung, hierzu gehören die Kosten des Wasserverbrauchs, die Grundgebühren, die Kosten der Anmietung oder anderer Arten der Gebrauchsüberlassung von Wasserzählern sowie die Kosten ihrer Verwendung einschließlich der Kosten der Eichung sowie der Kosten der Berechnung und Aufteilung, die Kosten der Wartung von Wassermengenreglern, die Kosten des Betriebs einer hauseigenen Wasserversorgungsanlage und einer Wasseraufbereitungsanlage einschließlich der Aufbereitungsstoffe;

3.
   die Kosten der Entwässerung, hierzu gehören die Gebühren für die Haus- und Grundstücksentwässerung, die Kosten des Betriebs einer entsprechenden nicht öffentlichen Anlage und die Kosten des Betriebs einer Entwässerungspumpe;

4.
   die Kosten
   a)
      des Betriebs der zentralen Heizungsanlage einschließlich der Abgasanlage, hierzu gehören die Kosten der verbrauchten Brennstoffe und ihrer Lieferung, die Kosten des Betriebsstroms, die Kosten der Bedienung, Überwachung und Pflege der Anlage, der regelmäßigen Prüfung ihrer Betriebsbereitschaft und Betriebssicherheit einschließlich der Einstellung durch eine Fachkraft, der Reinigung der Anlage und des Betriebsraums, die Kosten der Messungen nach dem Bundes-

67

Immissionsschutzgesetz, die Kosten der Anmietung oder anderer Arten der Gebrauchsüberlassung einer Ausstattung zur Verbrauchserfassung sowie die Kosten der Verwendung einer Ausstattung zur Verbrauchserfassung einschließlich der Kosten der Eichung sowie der Kosten der Berechnung und Aufteilung

oder

b)

des Betriebs der zentralen Brennstoffversorgungsanlage,

hierzu gehören die Kosten der verbrauchten Brennstoffe und ihrer Lieferung, die Kosten des Betriebsstroms und die Kosten der Überwachung sowie die Kosten der Reinigung der Anlage und des Betriebsraums

oder

c)

der eigenständig gewerblichen Lieferung von Wärme, auch aus Anlagen im Sinne des Buchstabens a,

hierzu gehören das Entgelt für die Wärmelieferung und die Kosten des Betriebs der zugehörigen Hausanlagen entsprechend Buchstabe a

oder

d)

der Reinigung und Wartung von Etagenheizungen und Gaseinzelfeuerstätten,

hierzu gehören die Kosten der Beseitigung von Wasserablagerungen und Verbrennungsrückständen in der Anlage, die Kosten der regelmäßigen Prüfung der Betriebsbereitschaft und Betriebssicherheit und der damit zusammenhängenden Einstellung durch eine Fachkraft sowie die Kosten der Messungen nach dem Bundes-Immissionsschutzgesetz;

5.

die Kosten

a)

des Betriebs der zentralen Warmwasserversorgungsanlage,

hierzu gehören die Kosten der Wasserversorgung entsprechend Nummer 2, soweit sie nicht dort bereits berücksichtigt sind, und die Kosten der Wassererwärmung entsprechend Nummer 4 Buchstabe a

oder

b)

der eigenständig gewerblichen Lieferung von Warmwasser, auch aus Anlagen im Sinne des Buchstabens a,

hierzu gehören das Entgelt für die Lieferung des Warmwassers und die Kosten des Betriebs der zugehörigen Hausanlagen entsprechend Nummer 4 Buchstabe a

oder

c)

der Reinigung und Wartung von Warmwassergeräten,

hierzu gehören die Kosten der Beseitigung von Wasserablagerungen und Verbrennungsrückständen im Innern der Geräte sowie die Kosten der regelmäßigen Prüfung der Betriebsbereitschaft und Betriebssicherheit und der damit zusammenhängenden Einstellung durch eine Fachkraft;

6.

die Kosten verbundener Heizungs- und Warmwasserversorgungsanlagen

a)

bei zentralen Heizungsanlagen entsprechend Nummer 4 Buchstabe a und entsprechend Nummer 2, soweit sie nicht dort bereits berücksichtigt sind,

oder

b)

bei der eigenständig gewerblichen Lieferung von Wärme entsprechend Nummer 4 Buchstabe c und entsprechend Nummer 2, soweit sie nicht dort bereits berücksichtigt sind,

oder

c)

bei verbundenen Etagenheizungen und Warmwasserversorgungsanlagen entsprechend Nummer 4 Buchstabe d und entsprechend Nummer 2, soweit sie nicht dort bereits berücksichtigt sind;

7.

die Kosten des Betriebs des Personen- oder Lastenaufzugs, hierzu gehören die Kosten des Betriebsstroms, die Kosten der Beaufsichtigung, der Bedienung, Überwachung und Pflege der Anlage, der regelmäßigen Prüfung ihrer Betriebsbereitschaft und Betriebssicherheit einschließlich der Einstellung durch eine Fachkraft sowie die Kosten der Reinigung der Anlage;

8.

die Kosten der Straßenreinigung und Müllbeseitigung, zu den Kosten der Straßenreinigung gehören die für die öffentliche Straßenreinigung zu entrichtenden Gebühren und die Kosten entsprechender nicht öffentlicher Maßnahmen; zu den Kosten der Müllbeseitigung gehören namentlich die für die Müllabfuhr zu entrichtenden Gebühren, die Kosten entsprechender nicht öffentlicher Maßnahmen, die Kosten des Betriebs von Müllkompressoren, Müllschluckern, Müllabsauganlagen sowie des Betriebs von Müllmengenerfassungsanlagen einschließlich der Kosten der Berechnung und Aufteilung;

9.

die Kosten der Gebäudereinigung und Ungezieferbekämpfung, zu den Kosten der Gebäudereinigung gehören die Kosten für die Säuberung der von den Bewohnern gemeinsam genutzten Gebäudeteile, wie Zugänge, Flure, Treppen, Keller, Bodenräume, Waschküchen, Fahrkorb des Aufzugs;

10.

die Kosten der Gartenpflege, hierzu gehören die Kosten der Pflege gärtnerisch angelegter Flächen einschließlich der Erneuerung von Pflanzen und Gehölzen, der Pflege von Spielplätzen einschließlich der Erneuerung von Sand und der Pflege von Plätzen, Zugängen und Zufahrten, die dem nicht öffentlichen Verkehr dienen;

11.

die Kosten der Beleuchtung, hierzu gehören die Kosten des Stroms für die Außenbeleuchtung und die Beleuchtung der von den Bewohnern gemeinsam genutzten Gebäudeteile, wie Zugänge, Flure, Treppen, Keller, Bodenräume, Waschküchen;

12.

die Kosten der Schornsteinreinigung, hierzu gehören die Kehrgebühren nach der maßgebenden Gebührenordnung, soweit sie nicht bereits als Kosten nach Nummer 4 Buchstabe a berücksichtigt sind;

13.

die Kosten der Sach- und Haftpflichtversicherung, hierzu gehören namentlich die Kosten der Versicherung des Gebäudes gegen Feuer-, Sturm-, Wasser- sowie sonstige Elementarschäden, der Glasversicherung, der Haftpflichtversicherung für das Gebäude, den Öltank und den Aufzug;

14.

die Kosten für den Hauswart, hierzu gehören die Vergütung, die Sozialbeiträge und alle geldwerten Leistungen, die der Eigentümer oder Erbbauberechtigte dem Hauswart für seine Arbeit gewährt, soweit diese nicht die Instandhaltung, Instandsetzung, Erneuerung, Schönheitsreparaturen oder die Hausverwaltung betrifft; soweit Arbeiten vom Hauswart ausgeführt werden, dürfen Kosten für Arbeitsleistungen nach den Nummern 2 bis 10 und 16 nicht angesetzt werden;

15.

die Kosten

a)

des Betriebs der Gemeinschafts-Antennenanlage, hierzu gehören die Kosten des Betriebsstroms und die Kosten der regelmäßigen Prüfung ihrer Betriebsbereitschaft einschließlich der Einstellung durch eine Fachkraft oder das Nutzungsentgelt für eine nicht zu dem Gebäude gehörende Antennenanlage sowie die Gebühren, die nach dem Urheberrechtsgesetz für die Kabelweitersendung entstehen, oder

b)

des Betriebs der mit einem Breitbandnetz verbundenen privaten Verteilanlage; hierzu gehören die Kosten entsprechend Buchstabe a, ferner die laufenden monatlichen Grundgebühren für Breitbandanschlüsse;

16.

die Kosten des Betriebs der Einrichtungen für die Wäschepflege, hierzu gehören die Kosten des Betriebsstroms, die Kosten der Überwachung, Pflege und Reinigung der Einrichtungen, der regelmäßigen Prüfung ihrer Betriebsbereitschaft und Betriebssicherheit sowie die Kosten der Wasserversorgung entsprechend Nummer 2, soweit sie nicht dort bereits berücksichtigt sind;

17.

sonstige Betriebskosten, hierzu gehören Betriebskosten im Sinne des § 1, die von den Nummern 1 bis 16 nicht erfasst sind.

Gesetz zur Sicherung der Zweckbestimmung von Sozialwohnungen

Wohnungsbindungsgesetz - WoBindG

Ausfertigungsdatum: 24.08.1965

"Wohnungsbindungsgesetz in der Fassung der Bekanntmachung vom 13. September 2001 (BGBl. I S. 2404), das zuletzt durch Artikel 126 der Verordnung vom 31. August 2015 (BGBl. I S. 1474) geändert worden ist". Neugefasst durch Bek. v. 13.9.2001 I 2404; Zuletzt geändert durch Art. 126 V v. 31.8.2015 I 1474.

Fußnote
(+++ Textnachweis Geltung ab: 1.7.1980 +++)
(+++ Änderungen aufgrund EinigVtr vgl. § 33 +++)

Dieses G gilt nicht im Saarland

Erster Abschnitt
Allgemeine Vorschriften

-

§ 1 Anwendungsbereich

Dieses Gesetz gilt nach Maßgabe des § 50 des Wohnraumförderungsgesetzes für den in dessen Absatz 1 und nach Maßgabe des § 2 des Wohnraumförderung-Überleitungsgesetzes vom 5. September 2006 (BGBl. I S. 2098, 2100) für den in dessen Absatz 2 genannten Wohnraum, der öffentlich gefördert ist oder als öffentlich gefördert gilt.

-

§ 2 Sicherung der Zweckbestimmung

Auf die Erhebung, Verarbeitung und Nutzung von Daten, die Erteilung von Auskünften, die Gewährung von Einsicht in Unterlagen, die Besichtigung von Grundstücken, Gebäuden und Wohnungen, die Erteilung von Auskünften durch Finanzbehörden und Arbeitgeber sowie die Mitteilungspflichten und die Einschränkung der Rechte zur Beendigung von Mietverhältnissen bei der Veräußerung und Umwandlung von öffentlich geförderten Wohnungen ist § 32 Abs. 2 bis 4 des Wohnraumförderungsgesetzes entsprechend anzuwenden.

-

§§ 2a und 2b (weggefallen)

-

§ 3 Zuständige Stelle

Zuständige Stelle im Sinne dieses Gesetzes ist die Stelle, die von der Landesregierung bestimmt wird oder die nach Landesrecht zuständig ist.

Zweiter Abschnitt
Bindungen des Verfügungsberechtigten

-

§ 4 Überlassung an Wohnberechtigte

(1) Sobald voraussehbar ist, dass eine Wohnung bezugsfertig oder frei wird, hat der Verfügungsberechtigte dies der zuständigen Stelle unverzüglich schriftlich anzuzeigen und den voraussichtlichen Zeitpunkt der Bezugsfertigkeit oder des Freiwerdens mitzuteilen.
(2) Der Verfügungsberechtigte darf die Wohnung einem Wohnungsuchenden nur zum Gebrauch überlassen, wenn dieser ihm vor der Überlassung eine Bescheinigung über die Wohnberechtigung im öffentlich geförderten sozialen Wohnungsbau (§ 5) übergibt und wenn die in der Bescheinigung angegebene Wohnungsgröße nicht überschritten wird. Auf Antrag des Verfügungsberechtigten kann die zuständige Stelle die Überlassung einer Wohnung, die die angegebene Wohnungsgröße geringfügig überschreitet, genehmigen, wenn dies nach den wohnungswirtschaftlichen Verhältnissen vertretbar erscheint.
(3) Ist die Wohnung bei der Bewilligung der öffentlichen Mittel für Angehörige eines bestimmten Personenkreises vorbehalten worden, so darf der Verfügungsberechtigte sie für die Dauer des Vorbehalts einem Wohnberechtigten nur zum Gebrauch überlassen, wenn sich aus der Bescheinigung außerdem ergibt, dass er diesem Personenkreis angehört.
(4) Sind für den Bau der Wohnung Mittel einer Gemeinde oder eines Gemeindeverbandes mit der Auflage gewährt, dass die Wohnung einem von der zuständigen Stelle benannten Wohnungssuchenden zu überlassen ist, so hat die zuständige Stelle dem Verfügungsberechtigten bis zur Bezugsfertigkeit oder bis zum Freiwerden der Wohnung mindestens drei Wohnungssuchende zur Auswahl zu benennen, bei denen die Voraussetzungen erfüllt sind, die zur Erlangung einer Bescheinigung nach § 5 erforderlich wären. Der Verfügungsberechtigte darf die

Wohnung nur einem der benannten Wohnungssuchenden überlassen; der Vorlage einer Bescheinigung nach § 5 bedarf es insoweit nicht. Bei der Benennung sind die Maßstäbe des § 5a Satz 3 zu beachten. Dies gilt entsprechend, wenn zugunsten der zuständigen Stelle ein vertragliches Besetzungsrecht besteht.

(5) Besteht ein Besetzungsrecht zugunsten einer Stelle, die für den Bau der Wohnung Wohnungsfürsorgemittel für Angehörige des öffentlichen Dienstes gewährt hat, so bedarf es der Vorlage einer Bescheinigung nach § 5 nicht, wenn diese Stelle das Besetzungsrecht ausübt. Die in Satz 1 bezeichnete Stelle darf das Besetzungsrecht zugunsten eines Wohnungssuchenden nur ausüben, wenn bei ihm die Voraussetzungen erfüllt sind, die zur Erlangung einer Bescheinigung nach § 5 erforderlich wären. Bei der Ausübung des Besetzungsrechts sind die Maßstäbe des § 5a Satz 3 zu beachten.

(6) Der Verfügungsberechtigte hat binnen zwei Wochen, nachdem er die Wohnung einem Wohnungssuchenden überlassen hat, der zuständigen Stelle den Namen des Wohnungssuchenden mitzuteilen und ihr in den Fällen der Absätze 2 und 3 den ihm übergebenen Wohnberechtigungsschein vorzulegen.

(7) Wenn der Inhaber des Wohnberechtigungsscheins oder der entsprechend Berechtigte aus der Wohnung ausgezogen ist, darf der Verfügungsberechtigte die Wohnung dessen Haushaltsangehörigen im Sinne des § 18 des Wohnraumförderungsgesetzes nur nach Maßgabe der Absätze 1 bis 6 zum Gebrauch überlassen; Personen, die nach dem Tod des Inhabers des Wohnberechtigungsscheins nach § 563 Abs. 1 bis 3 des Bürgerlichen Gesetzbuchs in das Mietverhältnis eingetreten sind, darf die Wohnung auch ohne Übergabe eines Wohnberechtigungsscheins zum Gebrauch überlassen werden.

(8) Der Verfügungsberechtigte, der eine Wohnung entgegen den Absätzen 2 bis 5 und 7 überlassen hat, hat auf Verlangen der zuständigen Stelle das Mietverhältnis zu kündigen und die Wohnung einem Wohnungssuchenden nach den Absätzen 1 bis 7 zu überlassen. Kann der Verfügungsberechtigte die Beendigung des Mietverhältnisses durch Kündigung nicht alsbald erreichen, so kann die zuständige Stelle von dem Inhaber der Wohnung, dem der Verfügungsberechtigte sie entgegen den Absätzen 2 bis 5 und 7 überlassen hat, die Räumung der Wohnung verlangen; dies gilt nicht, wenn der Inhaber der Wohnung vor dem Bezug eine Bestätigung nach § 18 Abs. 2 erhalten hat, dass die Wohnung nicht eine öffentlich geförderte Wohnung sei.

-

§ 5 Ausstellung der Bescheinigung über die Wohnberechtigung

Die Bescheinigung über die Wohnberechtigung (Wohnberechtigungsschein) wird in entsprechender Anwendung des § 27 Abs. 1 bis 5 des Wohnraumförderungsgesetzes erteilt.

-

§ 5a Sondervorschriften für Gebiete mit erhöhtem Wohnungsbedarf

Die Landesregierungen werden ermächtigt, für Gebiete mit erhöhtem Wohnungsbedarf Rechtsverordnungen zu erlassen, die befristet oder unbefristet bestimmen, dass der Verfügungsberechtigte eine frei oder bezugsfertig werdende Wohnung nur einem von der zuständigen Stelle benannten Wohnungssuchenden zum Gebrauch überlassen darf. Die zuständige Stelle hat dem Verfügungsberechtigten mindestens drei wohnberechtigte Wohnungssuchende zur Auswahl zu benennen. Bei der Benennung sind ungeachtet des Satzes 5 insbesondere schwangere Frauen, Familien und andere Haushalte mit Kindern, junge Ehepaare, allein stehende Elternteile mit Kindern, ältere Menschen und schwerbehinderte Menschen vorrangig zu berücksichtigen; sind schwangere Frauen wohnberechtigte Wohnungssuchende, haben sie Vorrang vor den anderen Personengruppen. Als junge Ehepaare sind diejenigen zu berücksichtigen, bei denen keiner der Ehegatten das 40. Lebensjahr vollendet hat; als ältere Menschen sind diejenigen zu berücksichtigen, die das 60. Lebensjahr vollendet haben. Für die Benennung gilt § 4 Abs. 3 sinngemäß; im Übrigen können in der Rechtsverordnung nähere

Bestimmungen darüber getroffen werden, nach welchen weiteren Gesichtspunkten die Benennung erfolgen soll.

-

§ 6

(weggefallen)

-

§ 7 Freistellung von Belegungsbindungen, Übertragung von Belegungs- und Mietbindungen, Erhaltung der Mietwohnnutzung, Kooperationsverträge

(1) Die zuständige Stelle kann den Verfügungsberechtigten von Belegungsbindungen in entsprechender Anwendung des § 30 des Wohnraumförderungsgesetzes freistellen.

(2) Die zuständige Stelle kann mit dem Verfügungsberechtigten die Übertragung und Änderung von Belegungs- und Mietbindungen sowie sonstigen Berechtigungen und Verpflichtungen in entsprechender Anwendung des § 31 des Wohnraumförderungsgesetzes vereinbaren.

(3) In Fällen der Selbstnutzung, Nichtvermietung, Zweckentfremdung und baulichen Änderung der Wohnung gilt § 27 Abs. 7 des Wohnraumförderungsgesetzes entsprechend. Hat der Verfügungsberechtigte mindestens vier geförderte Wohnungen geschaffen, von denen er eine selbst nutzen will, so ist die Genehmigung auch zu erteilen, wenn das Gesamteinkommen die maßgebliche Einkommensgrenze übersteigt.

(4) Kooperationsverträge können in entsprechender Anwendung der §§ 14 und 15 des Wohnraumförderungsgesetzes abgeschlossen werden.

-

§ 8 Kostenmiete

(1) Der Verfügungsberechtigte darf die Wohnung nicht gegen ein höheres Entgelt zum Gebrauch überlassen, als zur Deckung der laufenden Aufwendungen erforderlich ist (Kostenmiete). Die Kostenmiete ist nach den §§ 8a und 8b zu ermitteln.

(2) Soweit das vereinbarte Entgelt die Kostenmiete übersteigt, ist die Vereinbarung unwirksam. Soweit die Vereinbarung unwirksam ist, ist die Leistung zurückzuerstatten und vom Empfang an zu verzinsen. Der Anspruch auf Rückerstattung verjährt nach Ablauf von vier Jahren nach der jeweiligen Leistung, jedoch spätestens nach Ablauf eines Jahres von der Beendigung des Mietverhältnisses an.

(3) Sind für eine Wohnung in einem Eigenheim oder einer Kleinsiedlung oder für eine sonstige Wohnung die öffentlichen Mittel ohne Vorlage einer Wirtschaftlichkeitsberechnung oder auf Grund einer vereinfachten Wirtschaftlichkeitsberechnung bewilligt worden, so darf der Verfügungsberechtigte die Wohnung höchstens gegen ein Entgelt bis zur Höhe der Kostenmiete für vergleichbare öffentlich geförderte Wohnungen (Vergleichsmiete) überlassen. Die zuständige Stelle kann genehmigen, dass der Verfügungsberechtigte von der Vergleichsmiete zur Kostenmiete übergeht. Absatz 2 ist entsprechend anzuwenden.

(4) Der Vermieter hat dem Mieter auf Verlangen Auskunft über die Ermittlung und Zusammensetzung der Miete zu geben und, soweit der Mieter eine Genehmigung der Bewilligungsstelle zugrunde liegt, die zuletzt erteilte Genehmigung vorzulegen. Wird eine Genehmigung nicht vorgelegt oder ist die Auskunft über die Ermittlung und Zusammensetzung der Miete unzureichend, so hat die zuständige Stelle dem Mieter auf Verlangen die Höhe der nach Absatz 1 oder 3 zulässigen Miete mitzuteilen, soweit diese sich aus ihren Unterlagen ergibt.

(5) Die diesem Gesetz unterliegenden Wohnungen sind preisgebundener Wohnraum.

-

§ 8a Ermittlung der Kostenmiete und der Vergleichsmiete

(1) Bei der Ermittlung der Kostenmiete ist von dem Mietbetrag auszugehen, der sich für die öffentlich geförderten Wohnungen des Gebäudes oder der Wirtschaftseinheit auf Grund der Wirtschaftlichkeitsberechnung für den Quadratmeter der Wohnfläche durchschnittlich ergibt (Durchschnittsmiete). In der Wirtschaftlichkeitsberechnung darf für den Wert der Eigenleistung, soweit er 15 vom Hundert der Gesamtkosten des Bauvorhabens nicht übersteigt, eine Verzinsung von 4 vom Hundert angesetzt werden; für den darüber hinausgehenden Betrag darf angesetzt werden

a)

    eine Verzinsung in Höhe des marktüblichen Zinssatzes für erststellige Hypotheken, sofern die öffentlichen Mittel vor dem 1. Januar 1974 bewilligt worden sind,

b)

    in den übrigen Fällen eine Verzinsung in Höhe von 6,5 vom Hundert.

(2) Bei Wohnungen, die nach den Vorschriften des Zweiten Wohnungsbaugesetzes gefördert worden sind, ist bei der Ermittlung der Kostenmiete von der Durchschnittsmiete auszugehen, die von der Bewilligungsstelle nach § 72 des Zweiten Wohnungsbaugesetzes genehmigt worden ist.
(3) Ändern sich nach der erstmaligen Berechnung der Durchschnittsmiete oder nach der Genehmigung der Durchschnittsmiete nach § 72 des Zweiten Wohnungsbaugesetzes die laufenden Aufwendungen (Kapitalkosten, Bewirtschaftungskosten), so tritt jeweils eine entsprechend geänderte Durchschnittsmiete an die Stelle der bisherigen Durchschnittsmiete. Bei einer Erhöhung der laufenden Aufwendungen gilt Satz 1 nur, soweit sie auf Umständen beruht, die der Vermieter nicht zu vertreten hat; als Erhöhung der Aufwendungen gilt auch eine durch Gesetz oder Rechtsverordnung zugelassene Erhöhung eines Ansatzes in der Wirtschaftlichkeitsberechnung.
(4) Bei einer Erhöhung der laufenden Aufwendungen, die bis zur Anerkennung der Schlussabrechnung, spätestens jedoch bis zu zwei Jahren nach der Bezugsfertigkeit eintritt, bedarf die Erhöhung der Durchschnittsmiete nach Absatz 3 der Genehmigung der Bewilligungsstelle. Die Genehmigung wirkt auf den Zeitpunkt der Erhöhung der laufenden Aufwendungen, längstens jedoch drei Monate vor Stellung eines Antrags mit prüffähigen Unterlagen zurück; der Vermieter kann jedoch eine rückwirkende Mieterhöhung nur verlangen, wenn dies bei der Vereinbarung der Miete vorbehalten worden ist.
(5) Auf der Grundlage der Durchschnittsmiete hat der Vermieter die Miete für die einzelnen Wohnungen unter angemessener Berücksichtigung ihres unterschiedlichen Wohnwertes, insbesondere von Lage, Ausstattung und Zuschnitt zu berechnen (Einzelmiete). Der Durchschnitt der Einzelmieten muss der Durchschnittsmiete entsprechen.
(6) Ändern sich in den Fällen der Vergleichsmiete (§ 8 Abs. 3) nach der Bewilligung der öffentlichen Mittel die laufenden Aufwendungen, so ändert sich die Vergleichsmiete um den Betrag, der anteilig auf die Wohnung entfällt. Absatz 3 Satz 2 gilt entsprechend.
(7) Die nach den Absätzen 1 bis 6 sich ergebende Einzelmiete oder Vergleichsmiete zuzüglich zulässiger Umlagen, Zuschläge und Vergütungen ist das zulässige Entgelt im Sinne des § 8 Abs. 1 oder 3.
(8) Das Nähere über die Ermittlung des zulässigen Entgelts bestimmt die Rechtsverordnung nach § 28.

—

§ 8b Ermittlung der Kostenmiete in besonderen Fällen

(1) Wird die Kostenmiete nach Ablauf von sechs Jahren seit Bezugsfertigkeit der Wohnungen ermittelt, dürfen bei der Aufstellung der Wirtschaftlichkeitsberechnung laufende Aufwendungen, insbesondere Zinsen für die Eigenleistungen, auch dann angesetzt werden, wenn sie in einer früheren Wirtschaftlichkeitsberechnung nicht oder nur in geringerer Höhe in Anspruch genommen oder anerkannt worden sind oder wenn auf ihren Ansatz ganz oder teilweise verzichtet worden ist.
(2) Die Bewilligungsstelle kann zustimmen, dass demselben Eigentümer gehörende Gebäude mit

öffentlich geförderten Wohnungen, die bisher selbständige Wirtschaftseinheiten bildeten, oder mehrere bisherige Wirtschaftseinheiten zu einer Wirtschaftseinheit zusammengefasst werden, sofern die Gebäude oder Wirtschaftseinheiten in örtlichem Zusammenhang stehen und die Wohnungen keine wesentlichen Unterschiede in ihrem Wohnwert aufweisen. In die neue Wirtschaftlichkeitsberechnung sind die bisherigen Gesamtkosten, Finanzierungsmittel und laufenden Aufwendungen zu übernehmen. Die sich hieraus ergebende neue Durchschnittsmiete bedarf der Genehmigung der Bewilligungsstelle. Die öffentlichen Mittel gelten als für sämtliche Wohnungen der neuen Wirtschaftseinheit bewilligt.
(3) Die Bewilligungsstelle kann zustimmen, dass eine Wirtschaftseinheit aufgeteilt wird. Ist eine Wirtschaftseinheit nach Satz 1 aufgeteilt worden, ist insbesondere Wohneigentum an öffentlich geförderten Wohnungen einer Wirtschaftseinheit oder eines Gebäudes begründet worden, sind Wirtschaftlichkeitsberechnungen jeweils für die neuen Wirtschaftseinheiten, für die Gebäude oder für die einzelnen Wohnungen aufzustellen. Absatz 2 Satz 2 bis 4 gilt entsprechend.

§ 9 Einmalige Leistungen

(1) Eine Vereinbarung, nach der der Mieter oder für ihn ein Dritter mit Rücksicht auf die Überlassung der Wohnung eine einmalige Leistung zu erbringen hat, ist, vorbehaltlich der Absätze 2 bis 6, unwirksam. Satz 1 gilt nicht für Einzahlungen auf Geschäftsanteile bei Wohnungsunternehmen in der Rechtsform der Genossenschaft oder ähnliche Mitgliedsbeiträge.
(2) Die Vereinbarung einer Mietvorauszahlung oder eines Mieterdarlehens als Finanzierungsbeitrag zum Bau der Wohnung ist nur insoweit unwirksam, als die Annahme des Finanzierungsbeitrags nach § 28 des Ersten Wohnungsbaugesetzes oder nach § 50 des Zweiten Wohnungsbaugesetzes ausgeschlossen oder nicht zugelassen ist.
(3) Die Vereinbarung einer Mietvorauszahlung oder eines Mieterdarlehens zur Deckung der Kosten für eine Modernisierung, der die zuständige Stelle zugestimmt hat, ist nur unwirksam, soweit die Leistung das Vierfache des nach § 8 zulässigen jährlichen Entgelts überschreitet.
(4) Ist ein von einem Mieter oder einem Dritten nach § 28 des Ersten Wohnungsbaugesetzes oder § 50 des Zweiten Wohnungsbaugesetzes zulässigerweise geleisteter Finanzierungsbeitrag oder eine nach Absatz 3 zulässige Leistung wegen einer vorzeitigen Beendigung des Mietverhältnisses dem Leistenden ganz oder teilweise zurückerstattet worden, so ist eine Vereinbarung, wonach der Mietnachfolger oder für ihn ein Dritter die Leistung unter den gleichen Bedingungen bis zur Höhe des zurückerstatteten Betrags zu erbringen hat, zulässig.
(5) Die Vereinbarung einer Sicherheitsleistung des Mieters ist zulässig, soweit sie dazu bestimmt ist, Ansprüche des Vermieters gegen den Mieter aus Schäden an der Wohnung oder unterlassenen Schönheitsreparaturen zu sichern. Im Übrigen gilt § 551 des Bürgerlichen Gesetzbuchs.
(6) Eine Vereinbarung, nach der der Mieter oder für ihn ein Dritter mit Rücksicht auf die Überlassung der Wohnung Waren zu beziehen oder andere Leistungen in Anspruch zu nehmen oder zu erbringen hat, ist unwirksam. Satz 1 gilt nicht für die Überlassung einer Garage, eines Stellplatzes oder eines Hausgartens und für die Übernahme von Sach- oder Arbeitsleistungen, die zu einer Verringerung von Bewirtschaftungskosten führen. Die zuständige Stelle kann eine Vereinbarung zwischen dem Verfügungsberechtigten und dem Mieter über die Mitvermietung von Einrichtungs- und Ausstattungsgegenständen und über laufende Leistungen zur persönlichen Betreuung und Versorgung genehmigen; sie hat die Genehmigung zu versagen, wenn die vereinbarte Vergütung offensichtlich unangemessen hoch ist.
(7) Soweit eine Vereinbarung nach den Absätzen 1 bis 6 unwirksam ist, ist die Leistung zurückzuerstatten und vom Empfang an zu verzinsen. Der Anspruch auf Rückerstattung verjährt nach Ablauf eines Jahres von der Beendigung des Mietverhältnisses an.
(8) Für Vereinbarungen, die vor dem 1. August 1968 in denjenigen kreisfreien Städten, Landkreisen oder Gemeinden eines Landkreises, in denen zu diesem Zeitpunkt die Mietpreisfreigabe noch nicht erfolgt war, getroffen worden sind, gelten die Vorschriften des Absatzes 7 entsprechend, soweit die Vereinbarungen nach den bis zu diesem Zeitpunkt geltenden

Vorschriften unzulässig waren. Das Gleiche gilt für Vereinbarungen, die vor dem 1. September 1965 in denjenigen kreisfreien Städten, Landkreisen oder Gemeinden eines Landkreises getroffen worden sind, in denen zu diesem Zeitpunkt die Mietpreisfreigabe bereits erfolgt war.

-

§ 10 Einseitige Mieterhöhung

(1) Ist der Mieter nur zur Entrichtung eines niedrigeren als des nach diesem Gesetz zulässigen Entgelts verpflichtet, so kann der Vermieter dem Mieter gegenüber schriftlich erklären, dass das Entgelt um einen bestimmten Betrag, bei Umlagen um einen bestimmbaren Betrag, bis zur Höhe des zulässigen Entgelts erhöht werden soll. Die Erklärung ist nur wirksam, wenn in ihr die Erhöhung berechnet und erläutert ist. Der Berechnung der Kostenmiete ist eine Wirtschaftlichkeitsberechnung oder ein Auszug daraus, der die Höhe der laufenden Aufwendungen erkennen lässt, beizufügen. An Stelle einer Wirtschaftlichkeitsberechnung kann auch eine Zusatzberechnung zu der letzten Wirtschaftlichkeitsberechnung oder, wenn das zulässige Entgelt von der Bewilligungsstelle auf Grund einer Wirtschaftlichkeitsberechnung genehmigt worden ist, eine Abschrift der Genehmigung beigefügt werden. Hat der Vermieter seine Erklärung mit Hilfe automatischer Einrichtungen gefertigt, so bedarf es nicht seiner eigenhändigen Unterschrift.
(2) Die Erklärung des Vermieters hat die Wirkung, dass von dem Ersten des auf die Erklärung folgenden Monats an das erhöhte Entgelt an die Stelle des bisher zu entrichtenden Entgelts tritt; wird die Erklärung erst nach dem Fünfzehnten eines Monats abgegeben, so tritt diese Wirkung von dem Ersten des übernächsten Monats an ein. Wird die Erklärung bereits vor dem Zeitpunkt abgegeben, von dem an das erhöhte Entgelt nach den dafür maßgebenden Vorschriften zulässig ist, so wird sie frühestens von diesem Zeitpunkt an wirksam. Soweit die Erklärung darauf beruht, dass sich die Betriebskosten rückwirkend erhöht haben, wirkt sie auf den Zeitpunkt der Erhöhung der Betriebskosten, höchstens jedoch auf den Beginn des der Erklärung vorangehenden Kalenderjahres zurück, sofern der Vermieter die Erklärung innerhalb von drei Monaten nach Kenntnis von der Erhöhung abgibt.
(3) Ist der Erklärung ein Auszug aus der Wirtschaftlichkeitsberechnung oder die Genehmigung der Bewilligungsstelle beigefügt, so hat der Vermieter dem Mieter auf Verlangen Einsicht in die Wirtschaftlichkeitsberechnung zu gewähren.
(4) Dem Vermieter steht das Recht zur einseitigen Mieterhöhung nicht zu, soweit und solange eine Erhöhung der Miete durch ausdrückliche Vereinbarung mit dem Mieter oder einem Dritten ausgeschlossen ist oder der Ausschluss sich aus den Umständen ergibt.

-

§ 11 Kündigungsrecht des Mieters

(1) Der Mieter ist im Falle einer Erklärung des Vermieters nach § 10 berechtigt, das Mietverhältnis spätestens am dritten Werktag des Kalendermonats, von dem an die Miete erhöht werden soll, für den Ablauf des nächsten Kalendermonats zu kündigen.
(2) Kündigt der Mieter nach Absatz 1, so tritt die Mieterhöhung nach § 10 nicht ein.
(3) Eine zum Nachteil des Mieters abweichende Vereinbarung ist unwirksam.

-

§ 12

(weggefallen)

Dritter Abschnitt
Beginn und Ende der Eigenschaft "öffentlich gefördert"

-

§ 13 Beginn der Eigenschaft "öffentlich gefördert"

(1) Eine Wohnung, für die die öffentlichen Mittel vor der Bezugsfertigkeit bewilligt worden sind, gilt von dem Zeitpunkt an als öffentlich gefördert, in dem der Bescheid über die Bewilligung der öffentlichen Mittel (Bewilligungsbescheid) dem Bauherrn zugegangen ist. Sind die öffentlichen Mittel erstmalig nach der Bezugsfertigkeit der Wohnung bewilligt worden, so gilt die Wohnung, wenn der Bauherr die Bewilligung der öffentlichen Mittel vor der Bezugsfertigkeit beantragt hat, von der Bezugsfertigkeit an als öffentlich gefördert, im Übrigen von dem Zugang des Bewilligungsbescheids an.

(2) Wird die Bewilligung der öffentlichen Mittel vor der Bezugsfertigkeit der Wohnung widerrufen, so gilt die Wohnung als von Anfang an nicht öffentlich gefördert. Das Gleiche gilt, wenn die Bewilligung nach der Bezugsfertigkeit der Wohnung, jedoch vor der erstmaligen Auszahlung der öffentlichen Mittel widerrufen wird.

(3) Für die Anwendung der Vorschriften der Absätze 1 und 2 ist es unerheblich, in welcher Höhe, zu welchen Bedingungen, für welche Zeitdauer und für welchen Finanzierungsraum die öffentlichen Mittel bewilligt worden sind.

(4) Eine Wohnung gilt als bezugsfertig, wenn sie so weit fertiggestellt ist, dass den zukünftigen Bewohnern zugemutet werden kann, sie zu beziehen; die Genehmigung der Bauaufsichtsbehörde zum Beziehen ist nicht entscheidend. Im Falle des Wiederaufbaus ist für die Bezugsfertigkeit der Zeitpunkt maßgebend, in dem die durch den Wiederaufbau geschaffene Wohnung bezugsfertig geworden ist; Entsprechendes gilt im Falle der Wiederherstellung, des Ausbaus oder der Erweiterung.

-

§ 14 Einbeziehung von Zubehörräumen, Wohnungsvergrößerung, Umbau

(1) Werden die Zubehörräume einer öffentlich geförderten Wohnung ohne Genehmigung der Bewilligungsstelle zu Wohnräumen oder Wohnungen ausgebaut, so gelten auch diese als öffentlich gefördert.

(2) Wird eine öffentlich geförderte Wohnung um weitere Wohnräume vergrößert, so gelten auch diese als öffentlich gefördert.

(3) Wird eine öffentlich geförderte Wohnung durch eine Änderung von nicht mehr Wohnzwecken dienenden Räumen unter wesentlichem Bauaufwand zur Anpassung an geänderte Wohnbedürfnisse ohne Inanspruchnahme von öffentlichen Mitteln ausgebaut, so gilt die neu geschaffene Wohnung weiterhin als öffentlich gefördert. Dies gilt nicht, wenn vor dem Umbau die für die Wohnung als Darlehen bewilligten öffentlichen Mittel zurückgezahlt und die für sie als Zuschüsse bewilligten öffentlichen Mittel letztmalig gezahlt worden sind.

-

§ 15 Ende der Eigenschaft "öffentlich gefördert"

(1) Eine Wohnung, für die die öffentlichen Mittel als Darlehen bewilligt worden sind, gilt, soweit sich aus dem § 16 oder § 17 nichts anderes ergibt, als öffentlich gefördert

a)
   im Falle einer Rückzahlung der Darlehen nach Maßgabe der Tilgungsbedingungen bis zum Ablauf des Kalenderjahres, in dem die Darlehen vollständig zurückgezahlt worden sind,

b)
   im Falle einer vorzeitigen Rückzahlung auf Grund einer Kündigung wegen Verstoßes gegen Bestimmungen des Bewilligungsbescheids oder des Darlehensvertrags bis zum Ablauf des Kalenderjahres, in dem die Darlehen nach Maßgabe der Tilgungsbedingungen vollständig zurückgezahlt worden wären, längstens jedoch bis zum Ablauf des zwölften Kalenderjahres nach dem Jahr der Rückzahlung.

Sind neben den Darlehen Zuschüsse zur Deckung der laufenden Aufwendungen oder Zinszuschüsse aus öffentlichen Mitteln bewilligt worden, so gilt die Wohnung mindestens bis zum

Ablauf des Kalenderjahres als öffentlich gefördert, in dem der Zeitraum endet, für den sich die laufenden Aufwendungen durch die Gewährung der Zuschüsse vermindern (Förderungszeitraum).
(2) Eine Wohnung, für die die öffentlichen Mittel lediglich als Zuschüsse zur Deckung der laufenden Aufwendungen oder als Zinszuschüsse bewilligt worden sind, gilt als öffentlich gefördert bis zum Ablauf des dritten Kalenderjahres nach dem Ende des Förderungszeitraums. Endet der Förderungszeitraum durch planmäßige Einstellung oder durch Verzicht auf weitere Auszahlungen der Zuschüsse, so gilt für ein Eigenheim, eine Eigensiedlung oder eine eigengenutzte Eigentumswohnung § 16 Abs. 5 und 7 sinngemäß. § 17 bleibt unberührt.
(3) Sind die öffentlichen Mittel für eine Wohnung lediglich als Zuschuss zur Deckung der für den Bau der Wohnung entstandenen Gesamtkosten bewilligt worden, so gilt die Wohnung als öffentlich gefördert bis zum Ablauf des zehnten Kalenderjahres nach dem Jahr der Bezugsfertigkeit.
(4) Sind die öffentlichen Mittel für mehrere Wohnungen eines Gebäudes oder einheitlich für Wohnungen mehrerer Gebäude bewilligt worden, so gelten die Absätze 1 und 2 nur, wenn die für sämtliche Wohnungen eines Gebäudes als Darlehen bewilligten öffentlichen Mittel zurückgezahlt werden und die für sie als Zuschüsse bewilligten öffentlichen Mittel nicht mehr gezahlt werden. Der Anteil der auf ein einzelnes Gebäude entfallenden öffentlichen Mittel errechnet sich nach dem Verhältnis der Wohnfläche der Wohnungen des Gebäudes zur Wohnfläche der Wohnungen aller Gebäude. Die Sätze 1 und 2 sind insoweit nicht anzuwenden, als öffentliche Mittel ab 29. August 1990 für neue Wohnungen bewilligt sind, die durch Ausbau oder Erweiterung in einem Gebäude oder einer Wirtschaftseinheit mit öffentlich geförderten Wohnungen geschaffen werden.
-

§ 16 Ende der Eigenschaft "öffentlich gefördert" bei freiwilliger vorzeitiger Rückzahlung

(1) Werden die für eine Wohnung als Darlehen bewilligten öffentlichen Mittel ohne rechtliche Verpflichtung vorzeitig vollständig zurückgezahlt, so gilt die Wohnung vorbehaltlich der Absätze 2 und 5 als öffentlich gefördert bis zum Ablauf des zehnten Kalenderjahres nach dem Jahr der Rückzahlung, längstens jedoch bis zum Ablauf des Kalenderjahres, in dem die Darlehen nach Maßgabe der Tilgungsbedingungen vollständig zurückgezahlt wären (Nachwirkungsfrist). Sind neben den Darlehen Zuschüsse zur Deckung der laufenden Aufwendungen oder Zinszuschüsse aus öffentlichen Mitteln bewilligt worden, so gilt § 15 Abs. 1 Satz 2 entsprechend.
(2) Abweichend von Absatz 1 Satz 1 gilt eine Wohnung, für deren Bau ein Darlehen aus öffentlichen Mitteln von nicht mehr als 1.550 Euro bewilligt worden ist, als öffentlich gefördert bis zum Zeitpunkt der Rückzahlung; dabei ist von dem durchschnittlichen Förderungsbetrag je Wohnung des Gebäudes auszugehen.
(3) (weggefallen)
(4) (weggefallen)
(5) Sind die für ein Eigenheim, eine Eigensiedlung oder eine eigengenutzte Eigentumswohnung als Darlehen bewilligten öffentlichen Mittel ohne rechtliche Verpflichtung vorzeitig vollständig zurückgezahlt oder nach § 69 des Zweiten Wohnungsbaugesetzes ganz abgelöst worden, so gilt die Wohnung als öffentlich gefördert bis zum Zeitpunkt der Rückzahlung oder Ablösung; bei Rückzahlung oder Ablösung vor dem 17. Juli 1985 gilt die Wohnung längstens bis zum 16. Juli 1985 als öffentlich gefördert. § 15 Abs. 1 Satz 2 bleibt unberührt. Eine Eigentumswohnung, die durch Umwandlung einer öffentlich geförderten Mietwohnung entstanden ist, gilt als eigengenutzt, wenn sie vom Eigentümer oder seinen Angehörigen als Berechtigte im Sinne dieses Gesetzes selbst genutzt wird; erfolgt in dem Falle die Eigennutzung nach Rückzahlung oder Ablösung, so gilt die Wohnung von Beginn der Eigennutzung an nicht mehr als öffentlich gefördert.
(6) Sind die öffentlichen Mittel für mehrere Wohnungen eines Gebäudes oder einheitlich für Wohnungen mehrerer Gebäude bewilligt worden, so gilt vorbehaltlich des Absatzes 7 der Absatz 1 nur, wenn die für sämtliche Wohnungen eines Gebäudes als Darlehen bewilligten öffentlichen Mittel zurückgezahlt werden und die für sie als Zuschüsse bewilligten öffentlichen Mittel nicht mehr gezahlt werden; § 15 Abs. 4 Satz 2 gilt entsprechend.
(7) Sind die öffentlichen Mittel für zwei Wohnungen eines Eigenheimes, eines Kaufeigenheimes oder einer Kleinsiedlung bewilligt worden, so gelten die Absätze 1 bis 5 auch für die einzelne

Wohnung, wenn der auf sie entfallende Anteil der als Darlehen gewährten Mittel zurückgezahlt oder abgelöst und der anteilige Zuschussbetrag nicht mehr gezahlt wird; der Anteil errechnet sich nach dem Verhältnis der Wohnflächen der einzelnen Wohnungen zueinander, sofern nicht der Bewilligung ein anderer Berechnungsmaßstab zugrunde gelegen hat. Satz 1 gilt entsprechend für Rückzahlungen und Ablösungen bei Eigentumswohnungen, wenn die öffentlichen Mittel für mehrere Wohnungen eines Gebäudes oder einheitlich für Wohnungen mehrerer Gebäude bewilligt worden sind.

-

§ 17 Ende der Eigenschaft "öffentlich gefördert" bei Zwangsversteigerung

(1) Bei einer Zwangsversteigerung des Grundstücks gelten die Wohnungen, für die öffentliche Mittel als Darlehen bewilligt worden sind, bis zum Ablauf des dritten Kalenderjahres nach dem Kalenderjahr, in dem der Zuschlag erteilt worden ist, als öffentlich gefördert, sofern die wegen der öffentlichen Mittel begründeten Grundpfandrechte mit dem Zuschlag erlöschen; abweichend hiervon gilt ein Eigenheim, eine Eigensiedlung oder eine eigengenutzte Eigentumswohnung im Sinne von § 16 Abs. 5 nur bis zum Zuschlag als öffentlich gefördert, sofern die wegen der öffentlichen Mittel begründeten Grundpfandrechte mit dem Zuschlag erlöschen. Sind die öffentlichen Mittel lediglich als Zuschüsse bewilligt worden, so gelten die Wohnungen bis zum Zuschlag als öffentlich gefördert. Soweit nach den Vorschriften des § 15 oder des § 16 die Wohnungen nur bis zu einem früheren Zeitpunkt als öffentlich gefördert gelten, ist dieser Zeitpunkt maßgebend.
(2) Sind die wegen der öffentlichen Mittel begründeten Grundpfandrechte mit dem Zuschlag nicht erloschen, so gelten die Wohnungen bis zu dem sich aus § 15 oder § 16 ergebenden Zeitpunkt als öffentlich gefördert.

-

§ 18 Bestätigung

(1) Die zuständige Stelle hat dem Verfügungsberechtigten und bei berechtigtem Interesse auch dem Mieter schriftlich zu bestätigen, von welchem Zeitpunkt an die Wohnung nicht mehr als öffentlich gefördert gilt. Die Bestätigung ist in tatsächlicher und rechtlicher Hinsicht verbindlich.
(2) Die zuständige Stelle hat einem Wohnungssuchenden auf dessen Verlangen schriftlich zu bestätigen, ob die Wohnung, die er benutzen will, eine neu geschaffene öffentlich geförderte Wohnung ist. Absatz 1 Satz 1 gilt bei berechtigtem Interesse für den Wohnungssuchenden entsprechend.

Vierter Abschnitt
Einschränkung von Zinsvergünstigungen bei öffentlich geförderten Wohnungen

-

§ 18a Höhere Verzinsung der öffentlichen Baudarlehen

(1) Öffentliche Mittel im Sinne des § 3 des Ersten Wohnungsbaugesetzes oder des § 6 des Zweiten Wohnungsbaugesetzes, die vor dem 1. Januar 1960 als öffentliche Baudarlehen bewilligt worden sind, können mit einem Zinssatz bis höchstens 8 vom Hundert jährlich verzinst werden, wenn dies durch landesrechtliche Regelung in einem Gesetz oder einer Verordnung der Landesregierung bestimmt ist; § 18b Abs. 2 ist anzuwenden. Dies gilt auch, wenn vertraglich eine Höherverzinsung ausdrücklich ausgeschlossen ist. Eine Vereinbarung, nach der eine höhere Verzinsung des öffentlichen Baudarlehens verlangt werden kann, bleibt unberührt.
(2) Öffentliche Mittel, die nach dem 31. Dezember 1959, jedoch vor dem 1. Januar 1970 als öffentliche Baudarlehen bewilligt worden sind, können mit einem Zinssatz bis höchstens 6 vom Hundert jährlich verzinst werden; Absatz 1 gilt im Übrigen entsprechend.

(3) Die Landesregierungen stellen durch Rechtsverordnung sicher, dass die aus der höheren Verzinsung nach den Absätzen 1 und 2 folgenden Durchschnittsmieten bestimmte Beträge, die für die öffentlich geförderten Wohnungen nach Gemeindegrößenklassen und unter Berücksichtigung von Alter und Ausstattung der Wohnungen festgelegt werden, nicht übersteigen. Sie haben dabei die sich aus der höheren Verzinsung ergebende Mieterhöhung angemessen zu begrenzen. Einwendungen gegen die Auswirkungen der Zinserhöhung sind dabei nur innerhalb einer festzusetzenden Ausschlussfrist von höchstens sechs Monaten seit Zugang der Mitteilung über die Zinserhöhung zuzulassen.

(4) Soweit bei Wohnungen, für die die öffentlichen Baudarlehen vom 1. Januar 1960 an bewilligt worden sind, die Durchschnittsmiete auf Grund einer nach der Zinserhöhung durchgeführten Modernisierung die nach Absatz 3 bestimmten Beträge nicht nur unerheblich überschreitet, ist der nach Absatz 2 festgesetzte Zinssatz auf Antrag des Verfügungsberechtigten oder des Mieters entsprechend herabzusetzen.

(5) Eine Zinserhöhung nach den Absätzen 1 und 2 ist bei Familienheimen in der Form von Eigenheimen, Kaufeigenheimen und Kleinsiedlungen sowie bei solchen Eigentumswohnungen, die vom Eigentümer oder seinen Angehörigen genutzt werden, nur unter den Voraussetzungen des § 44 Abs. 3 des Zweiten Wohnungsbaugesetzes zulässig. Dabei ist die aus der höheren Verzinsung folgende Mehrbelastung angemessen zu begrenzen. Absatz 3 Satz 3 gilt entsprechend.

(6) Die Absätze 1 bis 5 gelten für Annuitätsdarlehen entsprechend.

-

§ 18b Berechnung der neuen Jahresleistung

(1) Die für das Wohnungs- und Siedlungswesen zuständigen obersten Landesbehörden treffen nähere Bestimmungen über die Durchführung der höheren Verzinsung.

(2) Die darlehnsverwaltende Stelle hat bei der Erhöhung des Zinssatzes die neue Jahresleistung für das öffentliche Baudarlehen in der Weise zu berechnen, dass der erhöhte Zinssatz und der Tilgungssatz auf den ursprünglichen Darlehnsbetrag bezogen werden; ein Verwaltungskostenbeitrag bis zu 0,5 vom Hundert ist auf den Zinssatz nicht anzurechnen. Die Zinsleistungen sind nach der Darlehnsrestschuld zu berechnen und die durch die fortschreitende Darlehnstilgung ersparten Zinsen zur erhöhten Tilgung zu verwenden.

(3) Die darlehnsverwaltende Stelle hat dem Darlehnsschuldner die Erhöhung des Zinssatzes, die Höhe der neuen Jahresleistung sowie den Zahlungsabschnitt, für den die höhere Leistung erstmalig entrichtet werden soll, schriftlich mitzuteilen.

(4) Die höhere Leistung ist erstmalig für denjenigen nach dem Darlehnsvertrag maßgeblichen Zahlungsabschnitt zu entrichten, der frühestens nach Ablauf von zwei Monaten nach dem Zugang der in Absatz 3 bezeichneten Mitteilung beginnt. Der Zeitpunkt der Fälligkeit bestimmt sich nach dem Darlehnsvertrag.

-

§ 18c Öffentliche Baudarlehen verschiedener Gläubiger

(1) Sind für die Wohnungen des Gebäudes oder der Wirtschaftseinheit öffentliche Baudarlehen von verschiedenen Gläubigern gewährt worden und wird für diese Baudarlehen eine höhere Verzinsung nach § 18a verlangt, so haben die Gläubiger möglichst einheitliche Zinssätze festzusetzen und diese so zu bemessen, dass sich die zulässige Durchschnittsmiete nicht um mehr, als nach § 18a Abs. 3 zulässig ist, erhöht. Werden die Zinssätze für diese öffentlichen Baudarlehen nacheinander erhöht und würde durch die spätere Erhöhung des Zinssatzes für eines dieser Darlehen die Durchschnittsmiete über den nach § 18a Abs. 3 zulässigen Umfang hinaus erhöht werden, so ist auf Verlangen des Gläubigers dieses Darlehens der vorher erhöhte Zinssatz für die anderen Darlehen so weit herabzusetzen, dass bei möglichst einheitlichem Zinssatz der öffentlichen Baudarlehen der nach § 18a Abs. 3 zulässige Erhöhungsbetrag nicht überschritten wird; die Herabsetzung darf frühestens von dem Zeitpunkt an verlangt werden, von dem an die spätere Zinserhöhung wirksam werden soll.

(2) Die für das Wohnungs- und Siedlungswesen zuständigen obersten Landesbehörden treffen die näheren Bestimmungen über die Festsetzung der Zinssätze nach Absatz 1. Im Übrigen gelten die Vorschriften des § 18b sinngemäß.

§ 18d Zins- und Tilgungshilfen sowie Zuschüsse und Darlehen zur Deckung der laufenden Aufwendungen

(1) Sind vor dem 1. Januar 1960 neben oder an Stelle eines öffentlichen Baudarlehens Zins- und Tilgungshilfen aus öffentlichen Mitteln für ein zur Deckung der Gesamtkosten aufgenommenes Darlehen bewilligt worden, so kann die Zins- und Tilgungshilfe so weit herabgesetzt werden, dass der Darlehnsschuldner für das Darlehen eine Verzinsung bis höchstens 8 vom Hundert jährlich auf den ursprünglichen Darlehnsbetrag selbst zu erbringen hat, wenn dies durch landesrechtliche Regelung in einem Gesetz oder einer Verordnung der Landesregierung bestimmt ist. Erfolgte die Bewilligung nach dem 31. Dezember 1959, jedoch vor dem 1. Januar 1970, so kann unter den gleichen Voraussetzungen die Zins- und Tilgungshilfe so weit herabgesetzt werden, dass der Darlehnsschuldner für das Darlehen eine Verzinsung bis höchstens 6 vom Hundert jährlich auf den ursprünglichen Darlehnsbetrag selbst zu erbringen hat. Die Sätze 1 und 2 gelten auch, wenn eine Einstellung oder Herabsetzung vertraglich ausdrücklich ausgeschlossen ist. Die Vorschriften des § 18a Abs. 3 bis 5 gelten entsprechend. Verbleibt nach der Herabsetzung eine Zins- und Tilgungshilfe von weniger als insgesamt 60 Euro je Wohnung jährlich, so entfällt diese.
(2) Für die Durchführung des Absatzes 1 gelten die Vorschriften des § 18b sinngemäß.
(3) Sind von verschiedenen Gläubigern aus öffentlichen Mitteln Zins- und Tilgungshilfen nebeneinander oder Zins- und Tilgungshilfen neben öffentlichen Baudarlehen gewährt worden, so ist auch § 18c sinngemäß anzuwenden.
(4) Sind vor dem 1. Januar 1970 neben oder an Stelle eines öffentlichen Baudarlehens oder einer Zins- und Tilgungshilfe Zuschüsse oder Darlehen zur Deckung der laufenden Aufwendungen bewilligt worden, so können die Zuschüsse herabgesetzt oder für Darlehen die Zinsen nach Maßgabe des § 18a Abs. 1 und 2 erhöht werden, wenn dies durch landesrechtliche Regelung in einem Gesetz oder einer Verordnung der Landesregierung bestimmt ist. Dies gilt auch, wenn nach dem Bewilligungsbescheid eine Herabsetzung oder Höherverzinsung zu diesem Zeitpunkt oder in diesem Umfang nicht vorgesehen oder vertraglich ausdrücklich ausgeschlossen ist. Die Vorschriften des § 18a Abs. 3 bis 5 gelten entsprechend.

§ 18e Entsprechende Anwendung für öffentliche Mittel im Bereich des Bergarbeiterwohnungsbaus

Die Vorschriften der §§ 18a bis 18d gelten entsprechend für öffentliche Baudarlehen und Zins- und Tilgungshilfen, die nach dem Gesetz zur Förderung des Bergarbeiterwohnungsbaus im Kohlenbergbau aus Mitteln des Treuhandvermögens des Bundes bewilligt worden sind. Die in § 18b Abs. 1 bezeichneten Aufgaben obliegen dem Bundesministerium für Umwelt, Naturschutz, Bau und Reaktorsicherheit im Benehmen mit den für das Wohnungs- und Siedlungswesen zuständigen obersten Landesbehörden. Das Bundesministerium für Umwelt, Naturschutz, Bau und Reaktorsicherheit wird ermächtigt, die Bestimmungen nach § 18a Abs. 1 bis 3 und 5 sowie nach § 18d durch Rechtsverordnung mit Zustimmung des Bundesrates zu treffen.

§ 18f Mieterhöhung

(1) Für die Durchführung einer Mieterhöhung auf Grund der höheren Verzinsung oder der Herabsetzung der Zins- und Tilgungshilfen oder der Zuschüsse zur Deckung der laufenden Aufwendungen nach den §§ 18a bis 18e finden die Vorschriften des § 10 Abs. 1, 2 und 4 Anwendung. Soweit sich eine Mieterhöhung nur auf Grund der §§ 18a bis 18e ergibt, braucht der

Vermieter jedoch abweichend von § 10 Abs. 1 der Erklärung eine Wirtschaftlichkeitsberechnung oder einen Auszug daraus oder eine Zusatzberechnung nicht beizufügen; er hat dem Mieter auf Verlangen Einsicht in die Mitteilung der darlehnsverwaltenden Stelle nach § 18b Abs. 3 und, soweit eine Wirtschaftlichkeitsberechnung aufzustellen ist, auch in diese zu gewähren.
(2) Für Mieterhöhungen auf Grund der §§ 18a bis 18e ist eine vertragliche Vereinbarung, wonach eine höhere Miete für eine zurückliegende Zeit verlangt werden kann, unwirksam.

<u>Fünfter Abschnitt</u>
<u>Schlussvorschriften</u>

-

§ 19 Gleichstellungen

(1) Die Vorschriften dieses Gesetzes für Wohnungen gelten für einzelne öffentlich geförderte Wohnräume entsprechend, soweit sich nicht aus Inhalt oder Zweck der Vorschriften etwas anderes ergibt.
(2) Dem Vermieter einer öffentlich geförderten Wohnung steht derjenige gleich, der die Wohnung einem Wohnungssuchenden auf Grund eines anderen Schuldverhältnisses, insbesondere eines genossenschaftlichen Nutzungsverhältnisses, zum Gebrauch überlässt. Dem Mieter einer öffentlich geförderten Wohnung steht derjenige gleich, der die Wohnung auf Grund eines anderen Schuldverhältnisses, insbesondere eines genossenschaftlichen Nutzungsverhältnisses, bewohnt.
(3) Dem Verfügungsberechtigten steht ein von ihm Beauftragter gleich.
(4) Dem Bauherrn eines Kaufeigenheims oder einer Kaufeigentumswohnung steht der Bewerber gleich, wenn diesem die öffentlichen Mittel nach den Vorschriften des Zweiten Wohnungsbaugesetzes bewilligt worden sind.

-

§ 20 Wohnheime

Die Vorschriften dieses Gesetzes gelten nicht für öffentlich geförderte Wohnheime.

-

§ 21 Untermietverhältnisse

(1) Die Vorschriften dieses Gesetzes gelten sinngemäß für den Inhaber einer öffentlich geförderten Wohnung, wenn dieser die Wohnung ganz oder mit mehr als der Hälfte der Wohnfläche untervermietet. Wird nur ein Teil der Wohnung untervermietet, finden jedoch die Vorschriften des § 4 Abs. 1, 4 und 5 sowie der §§ 5a und 7 Abs. 3 in Verbindung mit § 27 Abs. 7 Satz 1 Nr. 1 und 2 des Wohnraumförderungsgesetzes keine Anwendung.
(2) Vermietet der Verfügungsberechtigte einen Teil der von ihm genutzten Wohnung, sind die Vorschriften dieses Gesetzes nur anzuwenden, wenn mehr als die Hälfte der Wohnfläche vermietet wird; die Vorschriften des § 4 Abs. 1, 4 und 5 sowie der §§ 5a und 7 Abs. 3 in Verbindung mit § 27 Abs. 7 Satz 1 Nr. 1 und 2 des Wohnraumförderungsgesetzes finden jedoch keine Anwendung.
(3) (weggefallen)

-

§ 22 Bergarbeiterwohnungen

(1) Für die in § 2 Abs. 2 Nr. 2 des Wohnraumförderung-Überleitungsgesetzes bezeichneten Wohnungen sind die Vorschriften dieses Gesetzes nach Maßgabe der Absätze 2 bis 4 anzuwenden.

(2) An die Stelle der Wohnberechtigung im öffentlich geförderten sozialen Wohnungsbau im Sinne des § 5 dieses Gesetzes in Verbindung mit § 27 Abs. 2 und 3 des Wohnraumförderungsgesetzes tritt die Wohnberechtigung nach § 4 Abs. 1 Buchstabe a, b oder c des Gesetzes zur Förderung des Bergarbeiterwohnungsbaus im Kohlenbergbau.
(3) Der Verfügungsberechtigte darf eine Bergarbeiterwohnung einem Wohnungsberechtigten im Sinne des § 4 Abs. 1 Buchstabe d des Gesetzes zur Förderung des Bergarbeiterwohnungsbaus im Kohlenbergbau oder einem Nichtwohnungsberechtigten vermieten oder überlassen,

a)
   wenn die zuständige Stelle diesem eine Bescheinigung über die Wohnberechtigung im Kohlenbergbau unter den Voraussetzungen des § 6 Abs. 2 des Gesetzes zur Förderung des Bergarbeiterwohnungsbaus im Kohlenbergbau erteilt hat oder
b)
   wenn die zuständige Stelle eine Freistellung von der Zweckbindung der Bergarbeiterwohnung unter den Voraussetzungen des § 6 Abs. 3 oder 4 des Gesetzes zur Förderung des Bergarbeiterwohnungsbaus im Kohlenbergbau zugunsten von Wohnberechtigten im Sinne des Wohnungsbindungsgesetzes oder entsprechender landesrechtlicher Vorschriften ausgesprochen hat.
(4) Ist bei den in § 5 Abs. 2 des Gesetzes zur Förderung des Bergarbeiterwohnungsbaus im Kohlenbergbau bezeichneten Wohnungen die Zweckbindung zugunsten von Wohnungsberechtigten im Kohlenbergbau beendet, so sind hinsichtlich der Zweckbindung die Vorschriften der §§ 4 bis 7 dieses Gesetzes oder entsprechende landesrechtliche Vorschriften anzuwenden; der Verfügungsberechtigte darf die Wohnung jedoch auch einem Wohnungsberechtigten im Sinne des § 4 Abs. 1 Buchstabe a bis c des Gesetzes zur Förderung des Bergarbeiterwohnungsbaus im Kohlenbergbau vermieten oder überlassen.

-

§ 23 Erweiterter Anwendungsbereich

Die Vorschriften der §§ 13 bis 18 über den Beginn und das Ende der Eigenschaft "öffentlich gefördert" gelten auch für die Anwendung von Rechtsvorschriften außerhalb dieses Gesetzes, sofern nicht in jenen Rechtsvorschriften ausdrücklich etwas anderes bestimmt ist.

-

§ 24 Verwaltungszwang

Verwaltungsakte der zuständigen Stelle können im Wege des Verwaltungszwangs vollzogen werden.

-

§ 25 Maßnahmen bei Gesetzesverstößen

(1) Für die Zeit, während der der Verfügungsberechtigte schuldhaft gegen die Vorschriften der §§ 4, 7 Abs. 3, des § 8 Abs. 1 und 3, des § 8a, 8b, 9 oder des § 21 oder gegen die nach § 5a erlassenen Vorschriften verstößt, kann die zuständige Stelle durch Verwaltungsakt von dem Verfügungsberechtigten Geldleistungen bis zu 5 Euro je Quadratmeter Wohnfläche der Wohnung monatlich, auf die sich der Verstoß bezieht, erheben. Für die Bemessung der Geldleistungen sind ausschließlich der Wohnwert der Wohnung und die Schwere des Verstoßes maßgebend.
(2) Bei einem schuldhaften Verstoß des Verfügungsberechtigten gegen die in Absatz 1 bezeichneten Vorschriften kann der Gläubiger die als Darlehen bewilligten öffentlichen Mittel fristlos kündigen; er soll sie bei einem Verstoß gegen § 7 Abs. 3 in Verbindung mit § 27 Abs. 7 Satz 1 Nr. 3 des Wohnraumförderungsgesetzes kündigen. Zuschüsse zur Deckung der laufenden Aufwendungen und Zinszuschüsse können für die in Absatz 1 bezeichnete Zeit zurückgefordert werden. Soweit Darlehen oder Zuschüsse bewilligt, aber noch nicht ausgezahlt sind, kann die

Bewilligung widerrufen werden.

(3) Die Befugnisse nach den Absätzen 1 und 2 sollen nicht geltend gemacht werden, wenn die Geltendmachung unter Berücksichtigung der Verhältnisse des Einzelfalls, namentlich der Bedeutung des Verstoßes, unbillig sein würde.

(4) Die zuständige Stelle hat die nach Absatz 1 eingezogenen Geldleistungen an die Stelle abzuführen, welche die für das Wohnungs- und Siedlungswesen zuständige oberste Landesbehörde bestimmt; sie sind für den öffentlich geförderten sozialen Wohnungsbau einzusetzen.

-

§ 26 Ordnungswidrigkeiten

(1) Ordnungswidrig handelt, wer

1.
   entgegen § 2 in Verbindung mit § 32 Abs. 3 Satz 1 des Wohnraumförderungsgesetzes eine Mitteilung nicht, nicht richtig, nicht vollständig oder nicht rechtzeitig macht,

2.
   eine Wohnung entgegen § 4 Abs. 2 bis 5 oder entgegen den nach § 5a erlassenen Vorschriften zum Gebrauch überlässt oder belässt,

3.
   entgegen § 7 Abs. 3 in Verbindung mit § 27 Abs. 7 Satz 1 Nr. 1 oder 2 des Wohnraumförderungsgesetzes eine Wohnung selbst nutzt oder nicht nur vorübergehend, mindestens drei Monate, leer stehen lässt,

4.
   für die Überlassung einer Wohnung ein höheres Entgelt fordert, sich versprechen lässt oder annimmt, als nach den §§ 8 bis 9 zulässig ist, oder

5.
   entgegen § 7 Abs. 3 in Verbindung mit § 27 Abs. 7 Satz 1 Nr. 3 des Wohnraumförderungsgesetzes eine Wohnung anderen als Wohnzwecken zuführt oder entsprechend baulich ändert.

(2) Die Ordnungswidrigkeit kann in den Fällen des Absatzes 1 Nr. 1 mit einer Geldbuße bis zu zweitausendfünfhundert Euro je Wohnung, in den Fällen des Absatzes 1 Nr. 2 und 3 mit einer Geldbuße bis zu zehntausend Euro, in den Fällen des Absatzes 1 Nr. 4 mit einer Geldbuße bis zu fünfzehntausend Euro und in den Fällen des Absatzes 1 Nr. 5 mit einer Geldbuße bis zu fünfzigtausend Euro geahndet werden.

(3) Die Ordnungswidrigkeit nach Absatz 1 Nr. 4 kann mit einer Geldbuße bis zu fünfzigtausend Euro geahndet werden, wenn jemand vorsätzlich oder leichtfertig ein wesentlich höheres Entgelt fordert, sich versprechen lässt oder annimmt, als nach den §§ 8 bis 9 zulässig ist.

-

§ 27 Weitergehende Verpflichtungen

Weitergehende vertragliche Verpflichtungen der in diesem Gesetz bestimmten Art, die im Zusammenhang mit der Gewährung öffentlicher Mittel vertraglich begründet worden sind oder begründet werden, bleiben wirksam, soweit sie über die Verpflichtungen aus diesem Gesetz hinausgehen; andersartige vertragliche Verpflichtungen bleiben unberührt. Satz 1 gilt nicht für Strafversprechen und Ansprüche auf erhöhte Verzinsung wegen eines Verstoßes gegen die in § 25 Abs. 1 bezeichneten Vorschriften, sofern Geldleistungen nach § 25 Abs. 1 entrichtet worden sind.

-

§ 28 Ermächtigungen

(1) Die Landesregierungen werden ermächtigt, zur Durchführung der §§ 8 bis 9 und des § 18f

durch Rechtsverordnung Vorschriften zu erlassen über

a)

die Berechnung der Wirtschaftlichkeit, namentlich auch über die Ermittlung und Anerkennung der Gesamtkosten, der Finanzierungsmittel, der laufenden Aufwendungen (Kapitalkosten und Bewirtschaftungskosten) und der Erträge, die Ermittlung und Anerkennung von Änderungen der Kosten und Finanzierungsmittel, die Begrenzung der Ansätze und Ausweise sowie die Bewertung der Eigenleistung,

b)

die Zulässigkeit und Berechnung von Umlagen, Vergütungen und Zuschlägen,

c)

die Berechnung von Wohnflächen,

d)

die Genehmigung zum Übergang von der Vergleichsmiete zur Kostenmiete,

e)

die Mietpreisbildung und Mietpreisüberwachung.

In der Rechtsverordnung ist vorzusehen, dass

a)

in Fällen, in denen die als Darlehen gewährten öffentlichen Mittel nach § 16 vorzeitig zurückgezahlt und durch andere Finanzierungsmittel ersetzt worden sind, für die neuen Finanzierungsmittel keine höhere Verzinsung angesetzt werden darf, als im Zeitpunkt der Rückzahlung für das öffentliche Baudarlehen zu entrichten war, solange die Bindung nach § 8 besteht;

b)

in Fällen, in denen nach § 15 Abs. 2 Satz 2 oder § 16 Abs. 2 oder 7 nur noch einzelne Wohnungen eines Gebäudes als öffentlich gefördert gelten, für die Ermittlung der Kostenmiete dieser Wohnungen die bisherige Art der Wirtschaftlichkeitsberechnung und die im öffentlich geförderten sozialen Wohnungsbau zulässigen Ansätze für Gesamtkosten, Finanzierungsmittel und laufende Aufwendungen weiterhin in der Weise maßgebend bleiben, wie sie für alle bisherigen öffentlich geförderten Wohnungen des Gebäudes maßgebend gewesen wären.

(2) Im Rahmen der Ermächtigung nach Absatz 1 kann die Zweite Berechnungsverordnung entsprechend geändert und ergänzt werden.

(3) Die Landesregierungen können die Ermächtigung nach Absatz 1 durch Rechtsverordnung auf eine oberste Landesbehörde übertragen.

§ 29 Einschränkung des Grundrechts der Unverletzlichkeit der Wohnung

Durch dieses Gesetz wird das Grundrecht der Unverletzlichkeit der Wohnung (Artikel 13 des Grundgesetzes) eingeschränkt.

§ 30 Geltung im Saarland

Dieses Gesetz gilt nicht im Saarland.

-

§§ 31 bis 33a und 34 (weggefallen)

Gesetz über die soziale
Wohnraumförderung (Wohnraumförderungsgesetz - WoFG)

-

WoFG

Ausfertigungsdatum: 13.09.2001

"Wohnraumförderungsgesetz vom 13. September 2001 (BGBl. I S. 2376), das zuletzt durch Artikel 3 des Gesetzes vom 2. Oktober 2015 (BGBl. I S. 1610) geändert worden ist". Zuletzt geändert durch Art. 3 G v. 2.10.2015 I 1610.

Fußnote
(+++ Textnachweis ab: 1.1.2002 +++)

Das G wurde als Artikel 1 G 2330-32/1 v. 13.9.2001 I 2376 (WoBauRG) vom Bundestag mit Zustimmung des Bundesrates beschlossen. Es tritt gem. Art. 28 Abs. 1 dieses G mWv 1.1.2002 in Kraft. § 9 Abs. 3 ist gem. Art. 28 Abs. 2 mWv 20.9.2001 in Kraft getreten.

-

Teil 1
Allgemeines zur Förderung

Abschnitt 1
Zweck und Maßnahmen der Förderung

-

§ 1 Zweck und Anwendungsbereich, Zielgruppe

(1) Dieses Gesetz regelt die Förderung des Wohnungsbaus und anderer Maßnahmen zur Unterstützung von Haushalten bei der Versorgung mit Mietwohnraum, einschließlich genossenschaftlich genutzten Wohnraums, und bei der Bildung von selbst genutztem Wohneigentum (soziale Wohnraumförderung).
(2) Zielgruppe der sozialen Wohnraumförderung sind Haushalte, die sich am Markt nicht angemessen mit Wohnraum versorgen können und auf Unterstützung angewiesen sind. Unter diesen Voraussetzungen unterstützt

1.

die Förderung von Mietwohnraum insbesondere Haushalte mit geringem Einkommen sowie Familien und andere Haushalte mit Kindern, Alleinerziehende, Schwangere, ältere Menschen, behinderte Menschen, Wohnungslose und sonstige hilfebedürftige Personen,

2.

die Förderung der Bildung selbst genutzten Wohneigentums insbesondere Familien und andere Haushalte mit Kindern sowie behinderte Menschen, die unter Berücksichtigung ihres Einkommens und der Eigenheimzulage die Belastungen des Baus oder Erwerbs von Wohnraum ohne soziale Wohnraumförderung nicht tragen können.

-

§ 2 Fördergegenstände und Fördermittel

(1) Fördergegenstände sind:

1.
Wohnungsbau, einschließlich des erstmaligen Erwerbs des Wohnraums innerhalb von zwei Jahren nach Fertigstellung (Ersterwerb),

2.
Modernisierung von Wohnraum,

3.
Erwerb von Belegungsrechten an bestehendem Wohnraum und

4.
Erwerb bestehenden Wohnraums,

wenn damit die Unterstützung von Haushalten bei der Versorgung mit Mietwohnraum durch Begründung von Belegungs- und Mietbindungen oder bei der Bildung von selbst genutztem Wohneigentum erfolgt.

(2) Die Förderung erfolgt durch

1.
Gewährung von Fördermitteln, die aus öffentlichen Haushalten oder Zweckvermögen als Darlehen zu Vorzugsbedingungen, auch zur nachstelligen Finanzierung, oder als Zuschüsse bereitgestellt werden,

2.
Übernahme von Bürgschaften, Garantien und sonstigen Gewährleistungen sowie

3.
Bereitstellung von verbilligtem Bauland.

-

§ 3 Durchführung der Aufgaben und Zuständigkeiten

(1) Länder, Gemeinden und Gemeindeverbände wirken nach Maßgabe dieses Gesetzes bei der sozialen Wohnraumförderung zusammen.

(2) Die Länder führen die soziale Wohnraumförderung als eigene Aufgabe durch. Sie legen das Verwaltungsverfahren fest, soweit dieses Gesetz keine Regelungen trifft. Zuständige Stelle im Sinne dieses Gesetzes ist die Stelle, die nach Landesrecht zuständig ist oder von der Landesregierung in sonstiger Weise bestimmt wird.

(3) Die Länder sollen bei der sozialen Wohnraumförderung die wohnungswirtschaftlichen Belange der Gemeinden und Gemeindeverbände berücksichtigen; dies gilt insbesondere, wenn sich eine Gemeinde oder ein Gemeindeverband an der Förderung beteiligt. Die Länder können bei ihrer Förderung ein von einer Gemeinde oder einem Gemeindeverband beschlossenes Konzept zur sozialen Wohnraumversorgung (kommunales Wohnraumversorgungskonzept) zu Grunde legen.

(4) Gemeinden und Gemeindeverbände können mit eigenen Mitteln eine Förderung nach diesem Gesetz und den hierzu erlassenen landesrechtlichen Vorschriften durchführen, soweit nicht im Übrigen Landesrecht entgegensteht.

-

§ 4 Bauland, sonstige Rahmenbedingungen

(1) Länder, Gemeinden, Gemeindeverbände, sonstige Körperschaften, Anstalten und Stiftungen des öffentlichen Rechts und die von ihnen wirtschaftlich abhängigen Unternehmen sollen in ausreichendem Umfang geeignete Grundstücke als Bauland für den Wohnungsbau unter Berücksichtigung der Anforderungen des Kosten und Flächen sparenden Bauens zu Eigentum oder in Erbbaurecht überlassen.

(2) Die Gemeinden sollen im Rahmen der Gesetze dafür Sorge tragen, dass für den Wohnungsbau erforderliche Grundstücke bebaut und erforderliche Modernisierungsmaßnahmen

durchgeführt werden können. Dabei soll auf die Anforderungen des Kosten und Flächen sparenden Bauens geachtet werden.

(3) Die Gemeinden sollen Bauwillige, die ein Baugrundstück erwerben wollen, beraten und unterstützen.

(4) Aus den Absätzen 1 bis 3 können Ansprüche nicht hergeleitet werden.

Abschnitt 2
Grundsätze, Voraussetzungen und Förderzusage

-

§ 5 Anforderungen an die Förderung

(1) Die soziale Wohnraumförderung wird nach diesem Gesetz und hierzu erlassenen Vorschriften des Landes durchgeführt.

(2) Die Länder treffen soweit erforderlich auf der Grundlage dieses Gesetzes Bestimmungen, insbesondere über Voraussetzungen der Förderung und deren Durchführung.

(3) Die in den §§ 6 bis 8 und 10 bezeichneten Grundsätze sind bei den Bestimmungen nach Absatz 2 und, soweit solche Bestimmungen nicht getroffen sind, bei Entscheidungen, die zur Förderung ergehen, in der Abwägung und bei der Ermessensausübung zu berücksichtigen. Die Länder können weitere Grundsätze aufstellen.

-

§ 6 Allgemeine Fördergrundsätze

Die soziale Wohnraumförderung ist der Nachhaltigkeit einer Wohnraumversorgung verpflichtet, die die wirtschaftlichen und sozialen Erfordernisse mit der Erhaltung der Umwelt in Einklang bringt. Bei der Förderung sind zu berücksichtigen:

1.

die örtlichen und regionalen wohnungswirtschaftlichen Verhältnisse und Zielsetzungen, die erkennbaren unterschiedlichen Investitionsbedingungen des Bauherrn sowie die besonderen Anforderungen des zu versorgenden Personenkreises;

2.

der Beitrag des genossenschaftlichen Wohnens zur Erreichung der Ziele und Zwecke der sozialen Wohnraumförderung;

3.

die Schaffung und Erhaltung sozial stabiler Bewohnerstrukturen;

4.

die Schaffung und Erhaltung ausgewogener Siedlungsstrukturen sowie ausgeglichener wirtschaftlicher, sozialer und kultureller Verhältnisse, die funktional sinnvolle Zuordnung der Wohnbereiche zu den Arbeitsplätzen und der Infrastruktur (Nutzungsmischung) sowie die ausreichende Anbindung des zu fördernden Wohnraums an den öffentlichen Personennahverkehr;

5.

die Nutzung des Wohnungs- und Gebäudebestandes für die Wohnraumversorgung;

6.

die Erhaltung preisgünstigen Wohnraums im Fall der Förderung der Modernisierung;

7.

die Anforderungen des Kosten sparenden Bauens, insbesondere durch

a)

die Begrenzung der Förderung auf einen bestimmten Betrag (Förderpauschale),

b)

die Festlegung von Kostenobergrenzen, deren Überschreitung eine Förderung ausschließt, oder

c)

8.
      die Vergabe von Fördermitteln im Rahmen von Wettbewerbsverfahren;

      die Anforderungen des barrierefreien Bauens für die Nutzung von Wohnraum und seines Umfelds durch Personen, die infolge von Alter, Behinderung oder Krankheit dauerhaft oder vorübergehend in ihrer Mobilität eingeschränkt sind;

9.
      der sparsame Umgang mit Grund und Boden, die ökologischen Anforderungen an den Bau und die Modernisierung von Wohnraum sowie Ressourcen schonende Bauweisen.

Maßnahmen der sozialen Wohnraumförderung, die im Zusammenhang mit städtebaulichen Sanierungs- und Entwicklungsmaßnahmen stehen, sind bevorzugt zu berücksichtigen.

-

§ 7 Besondere Grundsätze zur Förderung von Mietwohnraum

Bei der Förderung von Mietwohnraum sind folgende Grundsätze zu berücksichtigen:

1.
      Um tragbare Wohnkosten für Haushalte im Sinne des § 1 Abs. 2 Satz 2 Nr. 1 zu erreichen, können Wohnkostenentlastungen durch Bestimmung höchstzulässiger Mieten unterhalb von ortsüblichen Vergleichsmieten oder durch sonstige Maßnahmen vorgesehen werden. Dabei sind insbesondere die Leistungen nach dem Wohngeldgesetz sowie das örtliche Mietenniveau und das Haushaltseinkommen des Mieters sowie deren Entwicklungen zu berücksichtigen.

2.
      Wohnkostenentlastungen, die nach Förderzweck und Zielgruppe sowie Förderintensität unangemessen sind (Fehlförderungen), sind zu vermeiden oder auszugleichen. Maßnahmen zur Vermeidung von Fehlförderungen sind Vorkehrungen bei der Förderung, durch die die Wohnkostenentlastung

a)
      auf Grund von Bestimmungen in der Förderzusage oder

b)
      auf Grund eines Vorbehalts in der Förderzusage durch Entscheidung der zuständigen Stelle

vermindert wird. Eine Maßnahme zum Ausgleich entstandener Fehlförderungen in Fällen der Festlegung von höchstzulässigen Mieten ist die Erhebung von Ausgleichszahlungen nach den §§ 34 bis 37.

3.
      Bei der Vermeidung und dem Ausgleich von Fehlförderungen sind soweit erforderlich Veränderungen der für die Wohnkostenentlastung maßgeblichen Einkommensverhältnisse und der Haushaltsgröße durch Überprüfungen in regelmäßigen zeitlichen Abständen zu berücksichtigen.

-

§ 8 Besondere Grundsätze zur Förderung der Bildung selbst genutzten Wohneigentums

Bei der Förderung der Bildung selbst genutzten Wohneigentums nach § 1 Abs. 2 Satz 2 Nr. 2 sind folgende Grundsätze zu berücksichtigen:

1.
      Die Förderung der Bildung selbst genutzten Wohneigentums erfolgt bevorzugt für Familien und andere Haushalte mit zwei und mehr Kindern im Sinne des § 32 Abs. 1 bis 5 des Einkommensteuergesetzes sowie für Haushalte, bei denen wegen einer Behinderung eines Haushaltsangehörigen oder aus sonstigen Gründen ein besonderer baulicher Bedarf besteht.

2.

Um eine angemessene Belastung des Bauherrn oder des Erwerbers des selbst genutzten Wohneigentums zu erreichen, sind bei der Festlegung der Förderung insbesondere die Einkommensentwicklung und die Eigenheimzulage nach dem Eigenheimzulagengesetz zu berücksichtigen. Fehlförderungen sind zu vermeiden. Soweit dies durch eine Förderung erfolgt, die auf die Entwicklung des Haushaltseinkommens abstellt, sind Veränderungen der maßgeblichen Einkommensverhältnisse und der Haushaltsgröße durch Überprüfungen in regelmäßigen zeitlichen Abständen zu berücksichtigen.

-

§ 9 Einkommensgrenzen

(1) Die Förderung darf nur Haushalte begünstigen, deren Einkommen die Grenzen für das jährliche Einkommen, die in Absatz 2 bezeichnet oder von den Ländern nach Absatz 3 abweichend festgelegt sind, nicht überschreiten. Bei der Ermittlung des Einkommens sind die §§ 20 bis 24 anzuwenden.
(2) Die Einkommensgrenze beträgt:

für einen Einpersonenhaushalt	12.000 Euro,
für einen Zweipersonenhaushalt	18.000 Euro,
zuzüglich für jede weitere zum	
Haushalt rechnende Person	4.100 Euro.

Sind zum Haushalt rechnende Personen Kinder im Sinne des § 32 Abs. 1 bis 5 des Einkommensteuergesetzes, erhöht sich die Einkommensgrenze nach Satz 1 für jedes Kind um weitere 500 Euro.
(3) Die Landesregierungen werden ermächtigt, durch Rechtsverordnung von den in Absatz 2 bezeichneten Einkommensgrenzen nach den örtlichen und regionalen wohnungswirtschaftlichen Verhältnissen insbesondere

1.

zur Berücksichtigung von Haushalten mit Schwierigkeiten bei der Wohnraumversorgung,

2.

im Rahmen der Förderung von selbst genutztem Wohneigentum oder

3.

zur Schaffung oder Erhaltung sozial stabiler Bewohnerstrukturen
Abweichungen festzulegen. Die Landesregierungen können diese Ermächtigung durch Rechtsverordnung auf eine oberste Landesbehörde übertragen.

-

§ 10 Wohnungsgrößen

(1) Bei Bestimmungen der Länder über die Grenzen für Wohnungsgrößen sind folgende Grundsätze zu berücksichtigen:

1.

Die Größe der zu fördernden Wohnung muss entsprechend ihrer Zweckbestimmung angemessen sein.

2.

Besonderheiten bei Maßnahmen im Gebäudebestand und bei selbst genutztem Wohneigentum sowie besonderen persönlichen oder beruflichen Bedürfnissen von Haushaltsangehörigen und einem nach der Lebenserfahrung in absehbarer Zeit zu erwartenden zusätzlichen Raumbedarf ist Rechnung zu tragen.
(2) Bei der Berechnung der Wohnfläche ist § 19 Abs. 1 anzuwenden.

-

§ 11 Förderempfänger

(1) Empfänger der Förderung ist

1.
   bei Maßnahmen des Wohnungsbaus und der Modernisierung derjenige, der das Bauvorhaben für eigene oder fremde Rechnung im eigenen Namen durchführt oder durch Dritte durchführen lässt (Bauherr),

2.
   beim Ersterwerb vom Bauherrn zur Selbstnutzung der Erwerber des Wohnraums,

3.
   beim Erwerb aus dem Bestand zur Selbstnutzung der Erwerber des Wohnraums,

4.
   beim Erwerb von Belegungsrechten der Eigentümer oder der sonstige zur Einräumung von Belegungsrechten an dem Wohnraum Berechtigte.

(2) Soweit Fördermittel an einen Bauträger vergeben werden, ist die Vergabe mit der Auflage zu verbinden, dass der Bauträger den geförderten Wohnraum zu angemessenen Bedingungen dem Erwerber alsbald zur Selbstnutzung überträgt.

(3) Die Gewährung von Fördermitteln setzt voraus, dass

1.
   der Bauherr Eigentümer eines geeigneten Baugrundstücks ist oder nachweist, dass der Erwerb eines derartigen Grundstücks gesichert ist oder durch die Gewährung der Fördermittel gesichert wird,

2.
   die Gewähr für eine ordnungsmäßige und wirtschaftliche Durchführung des Bauvorhabens und für eine ordnungsmäßige Verwaltung des Wohnraums besteht,

3.
   der Bauherr die erforderliche Leistungsfähigkeit und Zuverlässigkeit besitzt,

4.
   bei der Förderung von selbst genutztem Wohneigentum die Belastung auf Dauer tragbar erscheint und

5.
   der Bauherr eine angemessene Eigenleistung erbringt, für die eigene Geldmittel, der Wert des nicht durch Fremdmittel finanzierten Baugrundstücks oder Selbsthilfe im Sinne des § 12 Abs. 1 Satz 2 in Betracht kommen.

Fördermittel können auch einem Bauherrn oder einem sonstigen Förderempfänger gewährt werden, für den an einem geeigneten Grundstück ein Erbbaurecht von angemessener Dauer bestellt ist oder der nachweist, dass der Erwerb eines derartigen Erbbaurechts gesichert ist.

-

§ 12 Bevorzugung von Maßnahmen, zusätzliche Förderung

(1) Maßnahmen, bei denen Bauherren in Selbsthilfe tätig werden oder bei denen Mieter von Wohnraum Leistungen erbringen, durch die sie im Rahmen des Mietverhältnisses Vergünstigungen erlangen, können bei der Förderung bevorzugt werden. Selbsthilfe sind die Arbeitsleistungen, die zur Durchführung der geförderten Maßnahmen vom Bauherrn selbst, seinen Angehörigen oder von anderen unentgeltlich oder auf Gegenseitigkeit oder von Mitgliedern von Genossenschaften erbracht werden. Leistungen von Mietern sind die von

1.
   Mietern für die geförderten Maßnahmen erbrachten Finanzierungsanteile, Arbeitsleistungen oder Sachleistungen und

2.
   Genossenschaftsmitgliedern übernommenen weiteren Geschäftsanteile, soweit sie für die geförderten Maßnahmen über die Pflichtanteile hinaus erbracht werden.

(2) Eine zusätzliche Förderung für notwendigen Mehraufwand kann insbesondere gewährt werden bei

1.
   Ressourcen schonenden Bauweisen, die besonders wirksam zur Entlastung der Umwelt, zum Schutz der Gesundheit und zur rationellen Energieverwendung beitragen,
2.
   besonderen baulichen Maßnahmen, mit denen Belangen behinderter oder älterer Menschen Rechnung getragen wird,
3.
   einer organisierten Gruppenselbsthilfe für den bei der Vorbereitung und Durchführung der Maßnahmen entstehenden Aufwand,
4.
   besonderen experimentellen Ansätzen zur Weiterentwicklung des Wohnungsbaus.
-

§ 13 Förderzusage

(1) Die Förderung wird auf Antrag durch eine Förderzusage der zuständigen Stelle gewährt.
(2) In der Förderzusage sind Bestimmungen zu treffen

1.
   über Zweckbestimmung, Einsatzart und Höhe der Förderung, Dauer der Gewährung, Verzinsung und Tilgung der Fördermittel, Einhaltung von Einkommensgrenzen und Wohnungsgrößen, Rechtsfolgen eines Eigentumswechsels an dem geförderten Gegenstand sowie
2.
   bei der Förderung von Mietwohnraum zusätzlich unter Anwendung des Abschnitts 3 des Teils 2 über Gegenstand, Art und Dauer der Belegungsbindungen sowie Art, Höhe und Dauer der Mietbindungen.

In die Förderzusage können weitere für den jeweiligen Förderzweck erforderliche Bestimmungen aufgenommen werden.
(3) Die Förderzusage erfolgt durch Verwaltungsakt oder durch öffentlich-rechtlichen Vertrag; sie bedarf der Schriftform. Die sich aus der Förderzusage ergebenden Berechtigungen und Verpflichtungen gehen nach den in der Förderzusage für den Fall des Eigentumswechsels enthaltenen Bestimmungen auf den Rechtsnachfolger über.
(4) Ein Anspruch auf Förderung besteht nicht.

Abschnitt 3
Kooperationsvertrag

-

§ 14 Zweck, Beteiligte

(1) Gemeinden, Gemeindeverbände und sonstige öffentliche Stellen können mit Eigentümern oder sonstigen Verfügungsberechtigten von Wohnraum Vereinbarungen über Angelegenheiten der örtlichen Wohnraumversorgung treffen (Kooperationsverträge), insbesondere zur Unterstützung von Maßnahmen der sozialen Wohnraumversorgung einschließlich der Verbesserung der Wohnverhältnisse sowie der Schaffung oder Erhaltung sozial stabiler Bewohnerstrukturen.
(2) In die Vereinbarungen können Dritte, insbesondere öffentliche und private Träger sozialer Aufgaben und andere mit der Durchführung des Kooperationsvertrags Beauftragte, einbezogen werden. Soweit durch Vereinbarungen die Aufgaben der nach § 3 Abs. 2 Satz 3 zuständigen Stellen berührt werden, sind diese Stellen zu beteiligen.

-

§ 15 Gegenstände des Kooperationsvertrags

(1) Gegenstände des Kooperationsvertrags können insbesondere sein:

1.
   die Begründung oder Verlängerung von Belegungs- und Mietbindungen an Wohnraum des Eigentümers oder sonstigen Verfügungsberechtigten zu Gunsten der Gemeinde, einer zuständigen Stelle oder eines Trägers sozialer Aufgaben; die entsprechende Anwendung von Bestimmungen der §§ 26 bis 32 kann vereinbart werden;

2.
   im Zusammenhang mit Vereinbarungen nach Nummer 1 die Übernahme von Bewirtschaftungsrisiken sowie die Übernahme von Bürgschaften für die Erbringung einmaliger oder sonstiger Nebenleistungen der Mieter;

3.
   die Aufhebung oder Änderung von Belegungs- und Mietbindungen an Wohnraum, soweit dies nach den §§ 30 und 31 zulässig ist und Bestimmungen der Förderzusage nicht entgegenstehen;

4.
   die Übernahme von wohnungswirtschaftlichen, baulichen und sozialen Maßnahmen, insbesondere von solchen der Verbesserung des Wohnumfelds, der Behebung sozialer Missstände und der Quartiersverwaltung;

5.
   die Überlassung von Grundstücken und Räumen für die mit dem Kooperationsvertrag verfolgten Zwecke.

(2) Die vereinbarten Leistungen eines Kooperationsvertrags müssen den gesamten Umständen nach angemessen sein und in sachlichem Zusammenhang mit den jeweils beabsichtigten Maßnahmen der Wohnraumversorgung stehen. Die Vereinbarung einer vom Eigentümer oder sonstigen Verfügungsberechtigten oder von einem in den Vertrag einbezogenen Dritten zu erbringenden Leistung ist unzulässig, wenn er auch ohne sie einen Anspruch auf die Gegenleistung hätte.

(3) Ein Kooperationsvertrag bedarf der Schriftform, soweit nicht durch Rechtsvorschriften eine andere Form vorgeschrieben ist.

(4) Die Zulässigkeit anderer Verträge bleibt unberührt.

Teil 2
Begriffsbestimmungen, Durchführung der sozialen Wohnraumförderung

Abschnitt 1
Begriffsbestimmungen

-

§ 16 Wohnungsbau, Modernisierung

(1) Wohnungsbau ist das Schaffen von Wohnraum durch

1.
   Baumaßnahmen, durch die Wohnraum in einem neuen selbstständigen Gebäude geschaffen wird,

2.
   Beseitigung von Schäden an Gebäuden unter wesentlichem Bauaufwand, durch die die Gebäude auf Dauer wieder zu Wohnzwecken nutzbar gemacht werden,

3.
   Änderung, Nutzungsänderung oder Erweiterung von Gebäuden, durch die unter wesentlichem Bauaufwand Wohnraum geschaffen wird, oder

4.

Änderung von Wohnraum unter wesentlichem Bauaufwand zur Anpassung an geänderte Wohnbedürfnisse.

(2) Wohnraum oder anderer Raum ist in Fällen des Absatzes 1 Nr. 2 nicht auf Dauer nutzbar, wenn ein zu seiner Nutzung erforderlicher Gebäudeteil zerstört ist oder wenn sich der Raum oder der Gebäudeteil in einem Zustand befindet, der aus bauordnungsrechtlichen Gründen eine dauernde, der Zweckbestimmung entsprechende Nutzung nicht gestattet; dabei ist es unerheblich, ob der Raum oder der Gebäudeteil tatsächlich genutzt wird.

(3) Modernisierung sind bauliche Maßnahmen, die

1.

den Gebrauchswert des Wohnraums oder des Wohngebäudes nachhaltig erhöhen,

2.

die allgemeinen Wohnverhältnisse auf Dauer verbessern oder

3.

nachhaltig Einsparungen von Energie oder Wasser bewirken.

Instandsetzungen, die durch Maßnahmen der Modernisierung verursacht werden, fallen unter die Modernisierung.

-

§ 17 Wohnraum

(1) Wohnraum ist umbauter Raum, der tatsächlich und rechtlich zur dauernden Wohnnutzung geeignet und vom Verfügungsberechtigten dazu bestimmt ist. Wohnraum können Wohnungen oder einzelne Wohnräume sein.

(2) Selbst genutztes Wohneigentum ist Wohnraum im eigenen Haus oder in einer eigenen Eigentumswohnung, der zu eigenen Wohnzwecken genutzt wird.

(3) Mietwohnraum ist Wohnraum, der den Bewohnern auf Grund eines Mietverhältnisses oder eines genossenschaftlichen oder sonstigen ähnlichen Nutzungsverhältnisses zum Gebrauch überlassen wird.

-

§ 18 Haushaltsangehörige

(1) Zum Haushalt rechnen die in Absatz 2 bezeichneten Personen, die miteinander eine Wohn- und Wirtschaftsgemeinschaft führen (Haushaltsangehörige). Zum Haushalt rechnen auch Personen im Sinne des Absatzes 2, die alsbald in den Haushalt aufgenommen werden sollen.

(2) Haushaltsangehörige sind:

1.

der Antragsteller,

2.

der Ehegatte,

3.

der Lebenspartner und

4.

der Partner einer sonstigen auf Dauer angelegten Lebensgemeinschaft

sowie deren Verwandte in gerader Linie und zweiten Grades in der Seitenlinie, Verschwägerte in gerader Linie und zweiten Grades in der Seitenlinie, Pflegekinder ohne Rücksicht auf ihr Alter und Pflegeeltern.

-

§ 19 Wohnfläche

Die Wohnfläche einer Wohnung ist die Summe der anrechenbaren Grundflächen der ausschließlich zur Wohnung gehörenden Räume. Die Landesregierungen werden ermächtigt, durch Rechtsverordnung Vorschriften zur Berechnung der Grundfläche und zur Anrechenbarkeit auf die Wohnfläche zu erlassen. Die Landesregierungen können die Ermächtigung durch Rechtsverordnung auf eine oberste Landesbehörde übertragen.

Abschnitt 2
Einkommensermittlung

-

§ 20 Gesamteinkommen

Maßgebendes Einkommen ist das Gesamteinkommen des Haushalts. Gesamteinkommen des Haushalts im Sinne dieses Gesetzes ist die Summe der Jahreseinkommen der Haushaltsangehörigen abzüglich der Frei- und Abzugsbeträge nach § 24. Maßgebend sind die Verhältnisse im Zeitpunkt der Antragstellung.

-

§ 21 Begriff des Jahreseinkommens

(1) Jahreseinkommen im Sinne dieses Gesetzes ist, vorbehaltlich der Absätze 2 und 3 sowie der §§ 22 und 23, die Summe der positiven Einkünfte im Sinne des § 2 Abs. 1, 2 und 5a des Einkommensteuergesetzes jedes Haushaltsangehörigen. Bei den Einkünften im Sinne des § 2 Abs. 1 Satz 1 Nr. 1 bis 3 des Einkommensteuergesetzes ist § 7g Abs. 1 bis 4 und 7 des Einkommensteuergesetzes nicht anzuwenden. Ein Ausgleich mit negativen Einkünften aus anderen Einkunftsarten und mit negativen Einkünften des zusammenveranlagten Ehegatten ist nicht zulässig.

(2) Zum Jahreseinkommen gehören:

1.1
der nach § 19 Abs. 2 und § 22 Nr. 4 Satz 4 Buchstabe b des Einkommensteuergesetzes steuerfreie Betrag von Versorgungsbezügen,

1.2
die einkommensabhängigen, nach § 3 Nr. 6 des Einkommensteuergesetzes steuerfreien Bezüge, die auf Grund gesetzlicher Vorschriften aus öffentlichen Mitteln versorgungshalber an Wehr- und Zivildienstbeschädigte oder ihre Hinterbliebenen, Kriegsbeschädigte und Kriegshinterbliebene sowie ihnen gleichgestellte Personen gezahlt werden,

1.3
die den Ertragsanteil oder den der Besteuerung unterliegenden Anteil nach § 22 Nr. 1 Satz 3 Buchstabe a des Einkommensteuergesetzes übersteigenden Teile von Leibrenten,

1.4
die nach § 3 Nr. 3 des Einkommensteuergesetzes steuerfreien Kapitalabfindungen auf Grund der gesetzlichen Rentenversicherung und auf Grund der Beamten-(Pensions-)Gesetze,

1.5
die nach § 3 Nr. 1 Buchstabe a des Einkommensteuergesetzes steuerfreien

a)
Renten wegen Minderung der Erwerbsfähigkeit nach den §§ 56 bis 62 des Siebten Buches Sozialgesetzbuch,

b)
Renten und Beihilfen an Hinterbliebene nach den §§ 63 bis 71 des Siebten Buches Sozialgesetzbuch,

c)
Abfindungen nach den §§ 75 bis 80 des Siebten Buches Sozialgesetzbuch,

1.6
die Lohn- und Einkommensersatzleistungen nach § 32b Abs. 1 Nr. 1 des

95

Einkommensteuergesetzes, mit Ausnahme der nach § 3 Nr. 1 Buchstabe d des Einkommensteuergesetzes steuerfreien Mutterschutzleistungen und des nach § 3 Nr. 67 des Einkommensteuergesetzes steuerfreien Elterngeldes bis zur Höhe der nach § 10 des Bundeselterngeld- und Elternzeitgesetzes anrechnungsfreien Beträge,

1.7

die Hälfte der nach § 3 Nr. 7 des Einkommensteuergesetzes steuerfreien

a)

Unterhaltshilfe nach den §§ 261 bis 278a des Lastenausgleichsgesetzes, mit Ausnahme der Pflegezulage nach § 269 Abs. 2 des Lastenausgleichsgesetzes,

b)

Beihilfe zum Lebensunterhalt nach den §§ 301 bis 301b des Lastenausgleichsgesetzes,

c)

Unterhaltshilfe nach § 44 und Unterhaltsbeihilfe nach § 45 des Reparationsschädengesetzes,

d)

Beihilfe zum Lebensunterhalt nach den §§ 10 bis 15 des Flüchtlingshilfegesetzes, mit Ausnahme der Pflegezulage nach § 269 Abs. 2 des Lastenausgleichsgesetzes,

1.8

die nach § 3 Nr. 1 Buchstabe a des Einkommensteuergesetzes steuerfreien Krankentagegelder,

1.9

die Hälfte der nach § 3 Nr. 68 des Einkommensteuergesetzes steuerfreien Renten nach § 3 Abs. 2 des Anti-D-Hilfegesetzes,

2.1

die nach § 3b des Einkommensteuergesetzes steuerfreien Zuschläge für Sonntags-, Feiertags- oder Nachtarbeit,

2.2

der nach § 40a des Einkommensteuergesetzes vom Arbeitgeber pauschal besteuerte Arbeitslohn,

3.1

der nach § 20 Abs. 9 des Einkommensteuergesetzes steuerfreie Betrag (Sparer-Pauschbetrag), soweit die Kapitalerträge 100 Euro übersteigen,

3.2

(weggefallen)

3.3

die auf erhöhte Absetzungen entfallenden Beträge, soweit sie die höchstmöglichen Absetzungen für Abnutzung nach § 7 des Einkommensteuergesetzes übersteigen, und die auf Sonderabschreibungen entfallenden Beträge,

4.1

der nach § 3 Nr. 9 des Einkommensteuergesetzes steuerfreie Betrag von Abfindungen wegen einer vom Arbeitgeber veranlassten oder gerichtlich ausgesprochenen Auflösung des Dienstverhältnisses,

4.2

der nach § 3 Nr. 27 des Einkommensteuergesetzes steuerfreie Grundbetrag der Produktionsaufgaberente und das Ausgleichsgeld nach dem Gesetz zur Förderung der Einstellung der landwirtschaftlichen Erwerbstätigkeit,

4.3

die nach § 3 Nr. 60 des Einkommensteuergesetzes steuerfreien Leistungen aus öffentlichen Mitteln an Arbeitnehmer des Steinkohlen-, Pechkohlen- und Erzbergbaues, des Braunkohlentiefbaues und der Eisen- und Stahlindustrie aus Anlass von Stilllegungs-, Einschränkungs-, Umstellungs- oder Rationalisierungsmaßnahmen,

5.1

die nach § 22 Nr. 1 Satz 2 des Einkommensteuergesetzes dem Empfänger nicht zuzurechnenden Bezüge, die ihm von nicht zum Haushalt rechnenden Personen gewährt

5.2 werden, und die Leistungen nach dem Unterhaltsvorschussgesetz,

5.3 die nach § 3 Nummer 48 des Einkommensteuergesetzes steuerfreien allgemeinen Leistungen nach § 17 des Unterhaltssicherungsgesetzes,

5.4 (weggefallen)

5.5 die Hälfte des für die Kosten zur Erziehung bestimmten Anteils an Leistungen zum Unterhalt
a) des Kindes oder Jugendlichen in Fällen
aa) der Vollzeitpflege nach § 39 in Verbindung mit § 33 oder mit § 35a Abs. 2 Nr. 3 des Achten Buches Sozialgesetzbuch oder
bb) einer vergleichbaren Unterbringung nach § 21 des Achten Buches Sozialgesetzbuch,
b) des jungen Volljährigen in Fällen der Vollzeitpflege nach § 41 in Verbindung mit den §§ 39 und 33 oder mit den §§ 39 und 35a Abs. 2 Nr. 3 des Achten Buches Sozialgesetzbuch,

die Hälfte der laufenden Leistungen für die Kosten des notwendigen Unterhalts einschließlich der Unterkunft sowie der Krankenhilfe für Minderjährige und junge Volljährige nach § 13 Abs. 3 Satz 2, § 19 Abs. 3, § 21 Satz 2, § 39 Abs. 1 und § 41 Abs. 2 des Achten Buches Sozialgesetzbuch,

5.6 die Hälfte des Pflegegeldes nach § 37 des Elften Buches Sozialgesetzbuch für Pflegehilfen, die keine Wohn- und Wirtschaftsgemeinschaft mit dem Pflegebedürftigen führen,

6.1 die Hälfte der als Zuschüsse erbrachten
a) Leistungen zur Förderung der Ausbildung nach dem Bundesausbildungsförderungsgesetz,
b) Leistungen der Begabtenförderungswerke, soweit sie nicht von Nummer 6.2 erfasst sind,
c) Stipendien, soweit sie nicht von Buchstabe b, Nummer 6.2 oder Nummer 6.3 erfasst sind,
d) Berufsausbildungsbeihilfen und des Ausbildungsgeldes nach dem Dritten Buch Sozialgesetzbuch,
e) Beiträge zur Deckung des Unterhaltsbedarfs nach dem Aufstiegsfortbildungsförderungsgesetz,

6.2 die als Zuschuss gewährte Graduiertenförderung,

6.3 die Hälfte der nach § 3 Nr. 42 des Einkommensteuergesetzes steuerfreien Zuwendungen, die auf Grund des Fulbright-Abkommens gezahlt werden,

7.1 das Arbeitslosengeld II und das Sozialgeld nach § 19 Absatz 1 des Zweiten Buches Sozialgesetzbuch,

7.2 die Leistungen der Hilfe zum Lebensunterhalt nach den §§ 27 bis 30 des Zwölften Buches

7.3 Sozialgesetzbuch,

7.4 die Leistungen der Grundsicherung im Alter und bei Erwerbsminderung nach § 42 Nummer 1, 2 und 4 des Zwölften Buches Sozialgesetzbuch mit Ausnahme der Leistungen für einmalige Bedarfe,

7.5 die Leistungen nach dem Asylbewerberleistungsgesetz,

die Leistungen der ergänzenden Hilfe zum Lebensunterhalt nach § 27a des Bundesversorgungsgesetzes oder nach einem Gesetz, das dieses für anwendbar erklärt, mit Ausnahme der Leistungen für einmalige Bedarfe, soweit diese Leistungen die bei ihrer Berechnung berücksichtigten Kosten für Wohnraum übersteigen,

8. die ausländischen Einkünfte nach § 32b Abs. 1 Nr. 2 und 3 des Einkommensteuergesetzes.
(3) Aufwendungen zum Erwerb, zur Sicherung und zur Erhaltung von Einnahmen nach Absatz 2 mit Ausnahme der Nummern 5.3 bis 5.5 dürfen in der im Sinne des § 22 Abs. 1 und 2 zu erwartenden oder nachgewiesenen Höhe abgezogen werden.

-

§ 22 Zeitraum für die Ermittlung des Jahreseinkommens

(1) Bei der Ermittlung des Jahreseinkommens ist das Einkommen zu Grunde zu legen, das in den zwölf Monaten ab dem Monat der Antragstellung zu erwarten ist. Hierzu kann auch von dem Einkommen ausgegangen werden, das innerhalb der letzten zwölf Monate vor Antragstellung erzielt worden ist. Änderungen sind zu berücksichtigen, wenn sie im Zeitpunkt der Antragstellung innerhalb von zwölf Monaten mit Sicherheit zu erwarten sind; Änderungen, deren Beginn oder Ausmaß nicht ermittelt werden können, bleiben außer Betracht.
(2) Kann die Höhe des zu erwartenden Einkommens nicht nach Absatz 1 ermittelt werden, so ist grundsätzlich das Einkommen der letzten zwölf Monate vor Antragstellung zu Grunde zu legen.
(3) Bei Personen, die zur Einkommensteuer veranlagt werden, kann bei Anwendung des Absatzes 1 von den Einkünften ausgegangen werden, die sich aus dem letzten Einkommensteuerbescheid, den Vorauszahlungsbescheiden oder der letzten Einkommensteuererklärung ergeben; die sich hieraus ergebenden Einkünfte sind bei Anwendung des Absatzes 2 zu Grunde zu legen.
(4) Einmaliges Einkommen, das in einem nach Absatz 1 oder 2 maßgebenden Zeitraum anfällt, aber einem anderen Zeitraum zuzurechnen ist, ist so zu behandeln, als wäre es während des anderen Zeitraums angefallen. Einmaliges Einkommen, das einem nach Absatz 1 oder 2 maßgebenden Zeitraum zuzurechnen, aber in einem früheren Zeitraum angefallen ist, ist so zu behandeln, als wäre es während des nach Absatz 1 oder 2 maßgebenden Zeitraums angefallen. Satz 2 gilt nur für Einkommen, das innerhalb von drei Jahren vor Antragstellung angefallen ist.

-

§ 23 Pauschaler Abzug

(1) Bei der Ermittlung des Jahreseinkommens wird von dem nach den §§ 21 und 22 ermittelten Betrag ein pauschaler Abzug in Höhe von jeweils 10 Prozent für die Leistung von

1. Steuern vom Einkommen,

2. Pflichtbeiträgen zur gesetzlichen Kranken- und Pflegeversicherung und

3. Pflichtbeiträgen zur gesetzlichen Rentenversicherung vorgenommen.

(2) Werden keine Pflichtbeiträge nach Absatz 1 Nr. 2 oder 3 geleistet, so werden laufende Beiträge zu öffentlichen oder privaten Versicherungen oder ähnlichen Einrichtungen in der tatsächlich geleisteten Höhe, höchstens bis zu jeweils 10 Prozent des sich nach den §§ 21 und 22 ergebenden Betrages abgezogen, wenn die Beiträge der Zweckbestimmung der Pflichtbeiträge nach Absatz 1 Nr. 2 oder 3 entsprechen. Dies gilt auch, wenn die Beiträge zu Gunsten eines zum Haushalt rechnenden Angehörigen geleistet werden. Die Sätze 1 und 2 gelten nicht, wenn eine im Wesentlichen beitragsfreie Sicherung oder eine Sicherung, für die Beiträge von einem Dritten geleistet werden, besteht.

-

§ 24 Frei- und Abzugsbeträge

(1) Bei der Ermittlung des Gesamteinkommens werden folgende Freibeträge abgesetzt:

1.

4.500 Euro für jeden schwerbehinderten Menschen mit einem Grad der Behinderung

a)
   von 100 oder

b)
   von wenigstens 80, wenn der schwerbehinderte Mensch häuslich pflegebedürftig im Sinne des § 14 des Elften Buches Sozialgesetzbuch ist;

2.

2.100 Euro für jeden schwerbehinderten Menschen mit einem Grad der Behinderung von unter 80, wenn der schwerbehinderte Mensch häuslich pflegebedürftig im Sinne des § 14 des Elften Buches Sozialgesetzbuch ist;

3.

4.000 Euro bei jungen Ehepaaren bis zum Ablauf des fünften Kalenderjahres nach dem Jahr der Eheschließung; junge Ehepaare sind solche, bei denen keiner der Ehegatten das 40. Lebensjahr vollendet hat;

4.

600 Euro für jedes Kind unter zwölf Jahren, für das Kindergeld nach dem Einkommensteuergesetz oder dem Bundeskindergeldgesetz oder eine Leistung im Sinne des § 65 Abs. 1 des Einkommensteuergesetzes oder des § 4 Abs. 1 des Bundeskindergeldgesetzes gewährt wird, wenn die antragsberechtigte Person allein mit Kindern zusammenwohnt und wegen Erwerbstätigkeit oder Ausbildung nicht nur kurzfristig vom Haushalt abwesend ist;

5.

bis zu 600 Euro, soweit ein zum Haushalt rechnendes Kind eigenes Einkommen hat und das 16., aber noch nicht das 25. Lebensjahr vollendet hat.

(2) Aufwendungen zur Erfüllung gesetzlicher Unterhaltsverpflichtungen werden bis zu dem in einer notariell beurkundeten Unterhaltsvereinbarung festgelegten oder in einem Unterhaltstitel oder Unterhaltsbescheid festgestellten Betrag abgesetzt. Liegen eine notariell beurkundete Unterhaltsvereinbarung, ein Unterhaltstitel oder ein Unterhaltsbescheid nicht vor, können Aufwendungen zur Erfüllung gesetzlicher Unterhaltsverpflichtungen wie folgt abgesetzt werden:

1.

bis zu 3.000 Euro für einen Haushaltsangehörigen, der auswärts untergebracht ist und sich in der Berufsausbildung befindet;

2.

bis zu 6.000 Euro für einen nicht zum Haushalt rechnenden früheren oder dauernd getrennt lebenden Ehegatten oder Lebenspartner;

3.

bis zu 3.000 Euro für eine sonstige nicht zum Haushalt rechnende Person.

Begründung und Sicherung von Belegungs- und Mietbindungen sowie von Bindungen für selbst genutztes Wohneigentum

§ 25 Anwendungsbereich

(1) Mietwohnraum unterliegt den in der Förderzusage nach § 13 Abs. 2 bestimmten Bindungen, insbesondere Belegungs- und Mietbindungen. Auf diese Bestimmungen sind die §§ 26 bis 33 und 52 anzuwenden.

(2) Selbst genutztes Wohneigentum unterliegt den in der Förderzusage nach § 13 Abs. 2 bestimmten Bindungen. Auf diese Bestimmungen sind § 27 Abs. 7 Satz 1 Nr. 2 und 3 und Satz 3 bis 5 sowie Abs. 8, § 32 Abs. 1, 2 und 4 sowie die §§ 33 und 52 entsprechend anzuwenden.

§ 26 Gegenstände und Arten der Belegungsrechte

(1) Belegungsrechte können

1.

an den geförderten Wohnungen (unmittelbare Belegung),

2.

an diesen und an anderen Wohnungen (verbundene Belegung),

3.

nur an anderen Wohnungen (mittelbare Belegung)

begründet werden.

(2) Belegungsrechte können in der Förderzusage als allgemeine Belegungsrechte, Benennungsrechte und Besetzungsrechte begründet werden. Ein allgemeines Belegungsrecht ist das Recht der zuständigen Stelle, von dem durch die Förderung berechtigten und verpflichteten Eigentümer oder sonstigen Verfügungsberechtigten zu fordern, eine bestimmte belegungsgebundene Wohnung einem Wohnungssuchenden zu überlassen, dessen Wohnberechtigung sich aus einer Bescheinigung nach § 27 ergibt. Ein Benennungsrecht ist das Recht der zuständigen Stelle, dem Verfügungsberechtigten für die Vermietung einer bestimmten belegungsgebundenen Wohnung mindestens drei Wohnungssuchende zur Auswahl zu benennen. Ein Besetzungsrecht ist das Recht der zuständigen Stelle, einen Wohnungssuchenden zu bestimmen, dem der Verfügungsberechtigte eine bestimmte belegungsgebundene Wohnung zu überlassen hat.

(3) In der Förderzusage kann bestimmt werden, dass die zuständige Stelle unter in der Förderzusage festgelegten Voraussetzungen befristet oder unbefristet statt eines allgemeinen Belegungsrechts ein Benennungsrecht oder ein Besetzungsrecht im Sinne des Absatzes 2 ausüben kann.

§ 27 Wohnberechtigungsschein, Sicherung der Belegungsrechte

(1) Der Verfügungsberechtigte darf die Wohnung nur einem Wohnungssuchenden zum Gebrauch überlassen, wenn dieser ihm vorher seine Wohnberechtigung durch Übergabe eines Wohnberechtigungsscheins nachweist. Der Wohnberechtigungsschein wird nach Maßgabe der Absätze 2 bis 5 erteilt.

(2) Der Wohnberechtigungsschein wird auf Antrag des Wohnungssuchenden von der zuständigen Stelle für die Dauer eines Jahres erteilt. Antragsberechtigt sind Wohnungssuchende, die sich nicht nur vorübergehend im Geltungsbereich dieses Gesetzes aufhalten und die rechtlich und tatsächlich in der Lage sind, für sich und ihre Haushaltsangehörigen nach § 18 auf längere Dauer

einen Wohnsitz als Mittelpunkt der Lebensbeziehungen zu begründen und dabei einen selbstständigen Haushalt zu führen.

(3) Der Wohnberechtigungsschein ist zu erteilen, wenn vom Wohnungssuchenden und seinen Haushaltsangehörigen die Einkommensgrenze nach § 9 Abs. 2 eingehalten wird. Hat ein Land nach § 9 Abs. 3 eine Abweichung von der Einkommensgrenze festgelegt, ist der Wohnberechtigungsschein unter Zugrundelegung dieser abweichenden Einkommensgrenze zu erteilen. In dem Wohnberechtigungsschein ist anzugeben, welche maßgebliche Einkommensgrenze eingehalten wird. Der Wohnberechtigungsschein kann in Abweichung von der Einkommensgrenze nach Satz 1 oder 2 mit Geltung für das Gebiet eines Landes erteilt werden, wenn

1.

    die Versagung für den Wohnungssuchenden eine besondere Härte bedeuten würde oder

2.

    der Wohnungssuchende durch den Bezug der Wohnung eine andere geförderte Wohnung freimacht, deren Miete, bezogen auf den Quadratmeter Wohnfläche, niedriger ist oder deren Größe die für ihn maßgebliche Wohnungsgröße übersteigt.

Die Erteilung des Wohnberechtigungsscheins ist zu versagen, wenn sie auch bei Einhaltung der nach Satz 1 oder 2 maßgeblichen Einkommensgrenze offensichtlich nicht gerechtfertigt wäre.

(4) In dem Wohnberechtigungsschein ist die für den Wohnungssuchenden und seine Haushaltsangehörigen nach den Bestimmungen des Landes maßgebliche Wohnungsgröße nach der Raumzahl oder nach der Wohnfläche anzugeben. Von der maßgeblichen Grenze kann im Einzelfall

1.

    zur Berücksichtigung

    a)

        besonderer persönlicher oder beruflicher Bedürfnisse eines Haushaltsangehörigen oder

    b)

        eines nach der Lebenserfahrung in absehbarer Zeit zu erwartenden zusätzlichen Raumbedarfs oder

2.

    zur Vermeidung besonderer Härten

abgewichen werden.

(5) Soweit Wohnungen nach der Förderzusage bestimmten Haushalten vorbehalten sind und der Wohnungssuchende und seine Haushaltsangehörigen zu diesen Haushalten gehören, sind im Wohnberechtigungsschein Angaben zur Zugehörigkeit zu diesen Haushalten aufzunehmen.

(6) Ist eine Wohnung entgegen Absatz 1 Satz 1 überlassen worden, hat der Verfügungsberechtigte auf Verlangen der zuständigen Stelle das Mietverhältnis zu kündigen und die Wohnung einem Wohnungssuchenden nach Absatz 1 Satz 1 zu überlassen. Kann der Verfügungsberechtigte die Beendigung des Mietverhältnisses durch Kündigung nicht alsbald erreichen, kann die zuständige Stelle von dem Mieter, dem der Verfügungsberechtigte die Wohnung entgegen Absatz 1 Satz 1 überlassen hat, die Räumung der Wohnung verlangen.

(7) Der Verfügungsberechtigte darf eine Wohnung nur mit Genehmigung der zuständigen Stelle

1.

    selbst nutzen,

2.

    nicht nur vorübergehend, mindestens drei Monate, leer stehen lassen oder

3.

    anderen als Wohnzwecken zuführen oder entsprechend baulich ändern.

Im Fall des Satzes 1 Nr. 1 ist die Genehmigung zu erteilen, wenn der Verfügungsberechtigte und seine Haushaltsangehörigen die Voraussetzungen für die Erteilung eines Wohnberechtigungsscheins nach den Absätzen 1 bis 5 erfüllen. Im Fall des Satzes 1 Nr. 2 darf die Genehmigung nur erteilt werden, wenn und solange eine Vermietung nicht möglich ist und der

Förderzweck nicht auf andere Weise, auch nicht durch Freistellung von Belegungsbindungen nach § 30 oder durch Übertragung von Belegungs- und Mietbindungen nach § 31, erreicht werden kann. Im Fall des Satzes 1 Nr. 3 kann die Genehmigung erteilt werden, wenn und soweit ein überwiegendes öffentliches Interesse oder ein überwiegendes berechtigtes Interesse des Verfügungsberechtigten oder eines Dritten an der anderen Verwendung oder baulichen Änderung der Wohnung besteht; die Genehmigung kann unter der Verpflichtung zu einem Geldausgleich in angemessener Höhe oder zur vertraglichen Einräumung eines Belegungsrechts für eine andere nicht gebundene Wohnung (Ersatzwohnung) erteilt werden. Wer der sich aus Satz 1 Nr. 3 ergebenden Verpflichtung zuwiderhandelt, hat auf Verlangen der zuständigen Stelle die Eignung für Wohnzwecke auf seine Kosten wiederherzustellen.
(8) Sobald voraussehbar ist, dass eine Wohnung bezugsfertig oder frei wird, hat der Verfügungsberechtigte dies der zuständigen Stelle unverzüglich schriftlich anzuzeigen und den voraussichtlichen Zeitpunkt der Bezugsfertigkeit oder des Freiwerdens mitzuteilen.

-

§ 28 Bestimmung und Sicherung der höchstzulässigen Miete

(1) In der Förderzusage ist eine höchstzulässige Miete zu bestimmen; sie ist die Miete ohne den Betrag für Betriebskosten. In der Förderzusage können Änderungen der höchstzulässigen Miete während der Dauer der Förderung, auch für Mieterhöhungen nach durchgeführten Modernisierungen, vorgesehen oder vorbehalten werden. Bestimmungen über die höchstzulässige Miete dürfen nicht zum Nachteil des Mieters von den allgemeinen mietrechtlichen Vorschriften abweichen.
(2) Der Vermieter darf eine Wohnung nicht gegen eine höhere als die höchstzulässige Miete zum Gebrauch überlassen. Er hat die in der Förderzusage enthaltenen Bestimmungen über die höchstzulässige Miete und das Bindungsende im Mietvertrag anzugeben.
(3) Der Vermieter kann die Miete nach Maßgabe der allgemeinen mietrechtlichen Vorschriften erhöhen, jedoch nicht höher als bis zur höchstzulässigen Miete und unter Einhaltung sonstiger Bestimmungen der Förderzusage zur Mietbindung.
(4) Der Vermieter darf

1.
     eine Leistung zur Abgeltung von Betriebskosten nur nach Maßgabe der §§ 556, 556a und 560 des Bürgerlichen Gesetzbuchs und
2.
     eine einmalige oder sonstige Nebenleistung nur insoweit, als sie nach Vorschriften des Landes oder nach den Bestimmungen der Förderzusage zugelassen ist,
fordern, sich versprechen lassen oder annehmen.
(5) Der Mieter kann sich gegenüber dem Vermieter auf die Bestimmung der Förderzusage über die höchstzulässige Miete und auf die sonstigen Bestimmungen der Förderzusage zur Mietbindung berufen. Hierzu hat ihm der Vermieter die erforderlichen Auskünfte zu erteilen. Erteilt der Vermieter die Auskünfte nicht oder nur unzureichend, hat dies auf Verlangen des Mieters durch die zuständige Stelle zu erfolgen.
(6) Von den Absätzen 1 bis 5 abweichende Vereinbarungen im Mietvertrag sind unwirksam.

-

§ 29 Dauer der Belegungs- und Mietbindungen

(1) Die Dauer der Belegungs- und Mietbindungen ist in der Förderzusage durch Festlegung einer Frist zu bestimmen; bei der Gewährung von Darlehen sind Bestimmungen über die Dauer der Bindungen bei vorzeitiger vollständiger Rückzahlung der Darlehen zu treffen, die dem mit dem Einsatz der Fördermittel verfolgten Förderzweck Rechnung tragen. Die Bindungen bleiben bestehen

1.

bei Rückzahlung der Darlehen auf Grund einer Kündigung wegen Verstoßes gegen Bestimmungen der Förderzusage bis zu dem in der Förderzusage bestimmten Ende der Bindungen, längstens jedoch bis zum Ablauf des zwölften Kalenderjahres nach dem Jahr der Rückzahlung,

2.

bei einer Zwangsversteigerung des Grundstücks bis zu dem in der Förderzusage bestimmten Ende der Bindungen, längstens jedoch bis zum Ablauf des dritten Kalenderjahres nach dem Kalenderjahr, in dem der Zuschlag erteilt worden ist und die auf Grund der Darlehensförderung begründeten Grundpfandrechte mit dem Zuschlag erloschen sind.

Bei der Gewährung von Zuschüssen bleiben die Bindungen im Fall der Rückforderung der Zuschüsse wegen Verstoßes gegen die Bestimmungen der Förderzusage längstens zwölf Kalenderjahre nach dem Jahr der Rückzahlung, im Fall der Zwangsversteigerung des Grundstücks bis zum Zuschlag bestehen.

(2) Die zuständige Stelle hat auf Antrag dem Verfügungsberechtigten und bei berechtigtem Interesse auch einem Wohnungssuchenden und dem Mieter schriftlich zu bestätigen, wie lange die Belegungs- und Mietbindungen dauern. Die Bestätigung ist gegenüber dem Verfügungsberechtigten und dem Mieter in tatsächlicher und rechtlicher Hinsicht verbindlich.

-

§ 30 Freistellung von Belegungsbindungen

(1) Die zuständige Stelle kann den Verfügungsberechtigten von den Verpflichtungen nach § 27 Abs. 1 und 7 Satz 1 freistellen, wenn und soweit

1.

nach den örtlichen wohnungswirtschaftlichen Verhältnissen ein überwiegendes öffentliches Interesse an den Bindungen nicht mehr besteht oder

2.

an der Freistellung ein überwiegendes öffentliches Interesse besteht oder

3.

die Freistellung der Schaffung oder Erhaltung sozial stabiler Bewohnerstrukturen dient oder

4.

an der Freistellung ein überwiegendes berechtigtes Interesse des Verfügungsberechtigten oder eines Dritten besteht

und für die Freistellung ein Ausgleich dadurch erfolgt, dass der Verfügungsberechtigte der zuständigen Stelle das Belegungsrecht für Ersatzwohnungen, die bezugsfertig oder frei sind, für die Dauer der Freistellung vertraglich einräumt oder einen Geldausgleich in angemessener Höhe oder einen sonstigen Ausgleich in angemessener Art und Weise leistet.

(2) Freistellungen können für bestimmte Wohnungen, für Wohnungen bestimmter Art oder für Wohnungen in bestimmten Gebieten erteilt werden.

(3) Bei einer Freistellung kann von einem Ausgleich abgesehen werden, wenn und soweit die Freistellung im überwiegenden öffentlichen Interesse erteilt wird.

-

§ 31 Übertragung von Belegungs- und Mietbindungen

(1) Die zuständige Stelle kann mit dem Verfügungsberechtigten vereinbaren, dass die Belegungs- und Mietbindungen von geförderten Wohnungen (Förderwohnungen) auf Ersatzwohnungen des Verfügungsberechtigten übergehen, wenn

1.

dies der Schaffung oder Erhaltung sozial stabiler Bewohnerstrukturen dient oder aus anderen Gründen der örtlichen wohnungswirtschaftlichen Verhältnisse geboten ist und

2.

Förderwohnungen und Ersatzwohnungen unter Berücksichtigung des Förderzwecks gleichwertig sind und

3.

sichergestellt ist, dass zum Zeitpunkt des Übergangs die Wohnungen bezugsfertig oder frei sind.

(2) Gegenstand der Vereinbarung können ohne Vorliegen der Voraussetzungen des Absatzes 1 Nr. 2 auch Änderungen der Belegungs- und Mietbindungen, insbesondere deren Anzahl, Dauer, Art oder Höhe sein, wenn die Änderungen unter Berücksichtigung der maßgeblichen Umstände, insbesondere des Wohnwerts der Wohnungen, nicht zu einem mehr als nur unerheblichen wirtschaftlichen Vorteil des Verfügungsberechtigten führen.

(3) In der Vereinbarung sind weitere zum Übergang und zur Änderung der Belegungs- und Mietbindungen sowie zu sonstigen in der Förderzusage festgelegten Berechtigungen und Verpflichtungen erforderliche Bestimmungen zu treffen, namentlich zum Zeitpunkt des Übergangs. Mit dem Zeitpunkt des Übergangs gelten die Ersatzwohnungen als geförderte Wohnungen im Sinne der Förderzusage; auf die Ersatzwohnungen sind die Vorschriften dieses und des vierten Abschnitts anzuwenden.

(4) Sind gewährte Fördermittel durch dingliche Rechte am Grundstück der Förderwohnungen gesichert, können die zuständige Stelle, der Verfügungsberechtigte und der Gläubiger vereinbaren, dass die dinglichen Rechte aufgehoben und am Grundstück der Ersatzwohnungen neu bestellt werden.

-

§ 32 Sonstige Vorschriften der Sicherung

(1) Die zuständige Stelle kann Bestimmungen der Förderzusage nach den allgemeinen Vorschriften im Wege des Verwaltungszwangs vollziehen. Soweit die Bestimmungen in einem öffentlich-rechtlichen Vertrag getroffen werden, hat sich der Förderempfänger der sofortigen Vollstreckung nach § 61 des Verwaltungsverfahrensgesetzes oder nach entsprechenden landesrechtlichen Vorschriften zu unterwerfen.

(2) Die zuständige Stelle hat über die Wohnungen, ihre Nutzung, die jeweiligen Mieter und Vermieter sowie über die Belegungsrechte und die höchstzulässigen Mieten im Sinne des § 3 Abs. 3 bis 5 des Bundesdatenschutzgesetzes oder entsprechender landesrechtlicher Vorschriften Daten zu erheben, zu verarbeiten und zu nutzen, soweit dies zur Sicherung der Zweckbestimmung der Wohnungen und der sonstigen Bestimmungen der Förderzusage erforderlich ist. Der Vermieter und der Mieter sind verpflichtet, der zuständigen Stelle auf Verlangen Auskunft zu erteilen und Einsicht in ihre Unterlagen zu gewähren und ihr die Besichtigung von Grundstücken, Gebäuden und Wohnungen zu gestatten, soweit dies zur Sicherung der Zweckbestimmung der Wohnungen und der sonstigen Bestimmungen der Förderzusage erforderlich ist. Durch Satz 2 wird das Grundrecht der Unverletzlichkeit der Wohnung (Artikel 13 des Grundgesetzes) eingeschränkt.

(3) Der Vermieter hat der zuständigen Stelle die Veräußerung von belegungs- oder mietgebundenen Wohnungen und die Begründung von Wohnungseigentum an solchen Wohnungen unverzüglich schriftlich mitzuteilen. Der Vermieter, der eine Wohnung erworben hat, an der nach der Überlassung an einen Mieter Wohnungseigentum begründet worden ist, darf sich dem Mieter gegenüber auf berechtigte Interessen an der Beendigung des Mietverhältnisses im Sinne des § 573 Abs. 2 Nr. 2 des Bürgerlichen Gesetzbuchs nicht berufen, solange die Wohnung Belegungs- oder Mietbindungen unterliegt; im Übrigen bleibt § 577a Abs. 1 und 2 des Bürgerlichen Gesetzbuchs unberührt, soweit in dieser Bestimmung auf § 573 Abs. 2 Nr. 2 des Bürgerlichen Gesetzbuchs verwiesen wird.

(4) Finanzbehörden und Arbeitgeber haben der zuständigen Stelle Auskunft über die Einkommensverhältnisse der Wohnungssuchenden zu erteilen, soweit dies zur Sicherung der Zweckbestimmung der Wohnungen und der sonstigen Bestimmungen der Förderzusage erforderlich ist und begründete Zweifel an der Richtigkeit der Angaben und der hierzu vorgelegten Nachweise bestehen. Vor einem Auskunftsersuchen an den Arbeitgeber soll dem Wohnungssuchenden Gelegenheit zur Stellungnahme gegeben werden.

(5) Fördermittel, die in Abhängigkeit vom jeweiligen Haushaltseinkommen des Mieters gewährt werden, können auch dann an den Vermieter ausgezahlt werden, wenn dieser aus den geleisteten Zahlungen Rückschlüsse auf das Einkommen des Mieterhaushalts ziehen kann.

(6) Die für Wohnungen geltenden Vorschriften dieses Abschnitts gelten entsprechend für einzelne Wohnräume mit Ausnahme solcher in Wohnheimen.

(7) Für die Zwecke der Sicherung der höchstzulässigen Miete nach § 28 Abs. 2 bis 6 und für die übrigen Sicherungsvorschriften der Absätze 2, 3, 5 und 6 ist der sonstige Verfügungsberechtigte dem Vermieter gleichgestellt.

-

§ 33 Geldleistung bei Gesetzesverstößen

Für die Zeit, während der der Verfügungsberechtigte oder ein von ihm Beauftragter schuldhaft gegen die Vorschriften des § 27 Abs. 1 oder 6 Satz 1 oder Abs. 7 Satz 1 oder Abs. 8 oder des § 28 Abs. 2 bis 4 oder des § 32 Abs. 3 Satz 1 verstößt, kann die zuständige Stelle für die Dauer des Verstoßes durch Verwaltungsakt von dem Verfügungsberechtigten Geldleistungen bis zu monatlich 5 Euro je Quadratmeter Wohnfläche der Wohnung, auf die sich der Verstoß bezieht, erheben. Für die Bemessung der Geldleistungen sind ausschließlich der Wohnwert der Wohnung und die Schwere des Verstoßes maßgebend. Die eingezogenen Geldleistungen sind für Maßnahmen der sozialen Wohnraumförderung einzusetzen.

Abschnitt 4
Ausgleich von Fehlförderungen

-

§ 34 Grundlagen der Ausgleichszahlung

(1) Die Länder können, um eine Fehlförderung im Sinne des § 7 Nr. 2 Satz 1 und 3 auszugleichen, landesrechtliche Vorschriften über die Erhebung einer Ausgleichszahlung von Mietern geförderter Wohnungen erlassen; sie treffen dazu nach Maßgabe der Absätze 2 bis 4, des § 35 Abs. 1 Satz 2, des § 36 Abs. 1 und 3 sowie des § 37 Abs. 2 Satz 1 und 4 die erforderlichen Bestimmungen. Auf die Erhebung von Ausgleichszahlungen sind die Absätze 5 bis 7 sowie § 35 Abs. 1 Satz 1, 3 und 4 und Abs. 2 bis 4, § 36 Abs. 2 sowie § 37 Abs. 1 und 2 Satz 2 und 3 anzuwenden. § 32 Abs. 6 gilt entsprechend für die Vorschriften dieses Abschnitts.

(2) Die Länder legen fest, in welchen Gemeinden und für welche Arten von geförderten Wohnungen eine Ausgleichszahlung erhoben werden soll. Dabei kann von der Festlegung einer Gemeinde auch abgesehen werden, wenn in der Gemeinde

1.

   die für die Wohnungen bestimmten höchstzulässigen Mieten nur geringfügige Wohnkostenentlastungen beinhalten oder

2.

   der Verwaltungsaufwand für die Erhebung einer Ausgleichszahlung in einem unangemessenen Verhältnis zu den erwarteten Einnahmen stehen würde.

(3) Die Verpflichtung zur Leistung einer Ausgleichszahlung darf für Mieter nur vorgesehen werden, wenn das Gesamteinkommen der Haushaltsangehörigen und der die Wohnung nicht nur vorübergehend nutzenden sonstigen Personen die entsprechend § 9 maßgebliche Einkommensgrenze mehr als unerheblich übersteigt.

(4) Eine Verpflichtung zur Leistung einer Ausgleichszahlung darf nicht vorgesehen werden

1.

   für Mieter, die Wohngeld nach dem Wohngeldgesetz erhalten,

2.

   für Mieter, die Leistungen der Hilfe zum Lebensunterhalt nach dem Zwölften Buch

Sozialgesetzbuch oder Leistungen zur Sicherung des Lebensunterhalts nach dem Zweiten Buch Sozialgesetzbuch oder Leistungen der ergänzenden Hilfe zum Lebensunterhalt nach § 27a des Bundesversorgungsgesetzes erhalten und daneben keine weiteren Einkünfte erzielen, bei deren Berücksichtigung eine Ausgleichszahlung zu leisten wäre, oder

3. wenn eine Freistellung nach § 30 Abs. 1 und 2 für das Gebiet, in dem die Wohnung liegt, erfolgt ist.

Die Tatsachen für die Ausnahme von der Leistungspflicht nach Satz 1 hat der Mieter nachzuweisen.

(5) Von der Erhebung einer Ausgleichszahlung kann für bestimmte Wohnungen, für Wohnungen bestimmter Art, für Wohnungen in bestimmten Gebieten von Gemeinden oder für Wohnungen in bestimmten Teilen von Gemeinden ganz oder teilweise abgesehen werden, wenn nach dem Förderzweck unter Berücksichtigung der örtlichen wohnungswirtschaftlichen Verhältnisse das Absehen der Schaffung oder Erhaltung sozial stabiler Bewohnerstrukturen dient. Satz 1 gilt entsprechend für bestimmte Wohnungen oder für Wohnungen bestimmter Art, wenn Tatsachen die Annahme rechtfertigen, dass die Vermietbarkeit dieser Wohnungen während des Leistungszeitraums sonst nicht gesichert wäre, oder für eine Wohnung, die vom Verfügungsberechtigten, der mindestens vier geförderte Wohnungen geschaffen hat, selbst genutzt wird.

(6) Die zuständige Stelle hat die eingezogenen Ausgleichszahlungen an das Land abzuführen, soweit nichts anderes bestimmt ist. Das Aufkommen aus der Erhebung der Ausgleichszahlungen ist laufend für die soziale Wohnraumförderung zu verwenden.

(7) Für die Zwecke des Ausgleichs von Fehlförderungen nach diesem Abschnitt sind sonstige Wohnungsinhaber den Mietern gleichgestellt.

-

§ 35 Einkommensermittlung und Einkommensnachweis

(1) Auf die Ermittlung des Gesamteinkommens sind die §§ 20 bis 24 unter Einbeziehung der die Wohnung nicht nur vorübergehend nutzenden Personen anzuwenden. Die Länder können bestimmen, dass abweichend von Satz 1 zur weitergehenden Berücksichtigung sozialer Gründe, die der Vermeidung nicht vertretbarer Belastungen dient, zusätzliche Freibeträge vom Gesamteinkommen abgesetzt werden können. Maßgebend für die Einkommensermittlung nach den Sätzen 1 und 2 sind die Verhältnisse neun Monate vor Beginn des durch landesrechtliche Vorschriften nach § 36 Abs. 1 Nr. 3 bestimmten Leistungszeitraums. Abweichend hiervon ist in den Fällen des § 37 Abs. 2 der Zeitpunkt der Antragstellung maßgebend.

(2) Der Mieter hat auf Anforderung der zuständigen Stelle sein Einkommen nachzuweisen und die weiteren Haushaltsangehörigen sowie die die Wohnung nicht nur vorübergehend nutzenden sonstigen Personen zu benennen sowie deren Einkommen nachzuweisen. Dem Mieter ist hierfür eine angemessene Frist einzuräumen. Verweigert eine für die Einkommensermittlung heranzuziehende Person gegenüber dem Mieter Angaben über ihr Einkommen, ist sie verpflichtet, die erforderlichen Angaben gegenüber der zuständigen Stelle zu machen und nachzuweisen; Satz 2 gilt entsprechend. Der Mieter hat die zur Angabe des Einkommens verpflichtete Person vorab darauf hinzuweisen, dass sie ihre Angabe gegenüber der zuständigen Stelle machen und nachweisen kann.

(3) Versäumt der Mieter oder die zur Angabe des Einkommens verpflichtete Person die Frist nach Absatz 2 Satz 2 und 3, wird vermutet, dass eine Überschreitung der Einkommensgrenze in dem Umfang vorliegt, der den Mieter zu der nach § 36 festgelegten höchstmöglichen Ausgleichszahlung verpflichtet. Wird die Verpflichtung nach Absatz 2 Satz 1 nachträglich erfüllt, ist vom ersten Tag des nächsten Kalendermonats an nur der Betrag zu entrichten, der sich nach Überprüfung der Einkommensverhältnisse ergibt.

(4) Finanzbehörden und Arbeitgeber haben der zuständigen Stelle Auskunft über die Einkommensverhältnisse zu erteilen, soweit dies für die Festsetzung der Ausgleichszahlung erforderlich ist und begründete Zweifel an der Richtigkeit der Angaben und der hierzu vorgelegten

Nachweise bestehen. Vor einem Auskunftsersuchen an den Arbeitgeber soll dem Mieter oder der zur Angabe des Einkommens verpflichteten Person Gelegenheit zur Stellungnahme gegeben werden.

–

§ 36 Höhe der Ausgleichszahlung und Leistungszeitraum

(1) Die Länder bestimmen

1.

den monatlichen Höchstbetrag je Quadratmeter Wohnfläche, auf den die Ausgleichszahlung festgesetzt werden kann,

2.

die Höhe der nach dem Gesamteinkommen des Haushalts zu staffelnden monatlichen Ausgleichszahlung je Quadratmeter Wohnfläche sowie

3.

den Leistungszeitraum, für den die Ausgleichszahlung erhoben wird, und den Beginn der Leistungspflicht.

(2) Der Gesamtbetrag aus höchstzulässiger Miete und Ausgleichszahlung darf die ortsübliche Vergleichsmiete im Sinne des § 558 Abs. 2 des Bürgerlichen Gesetzbuchs nicht überschreiten.

(3) Die Länder können zum Zwecke der Begrenzung der Ausgleichszahlung durch ortsübliche Vergleichsmieten nach Absatz 2 Höchstbeträge bestimmen. Sie können hierfür

1.

Beträge bis zum Mittelwert der in einem Mietspiegel enthaltenen Mietspanne oder bis zu den in einem Mietspiegel enthaltenen Festbeträgen für Wohnungen vergleichbarer Art, Größe, Ausstattung, Beschaffenheit und Lage oder,

2.

wenn ein Mietspiegel nicht besteht oder keine entsprechenden Angaben enthält, die nach statistischen Erhebungen und deren Fortschreibung oder sonstige Erkenntnismitteln erfahrungsgemäß zu erzielenden Entgelte für Wohnungen vergleichbarer Art, Größe, Ausstattung, Beschaffenheit und Lage nach Gemeinden unterschiedlich

festlegen. Sie können auch bestimmen, dass bei der Festsetzung der Ausgleichszahlung bestimmte eigene Leistungen des Mieters und der sich hieraus ergebende Mietvorteil zu seinen Gunsten berücksichtigt werden.

–

§ 37 Wegfall und Minderung der Ausgleichszahlung

(1) Die Verpflichtung zur Leistung einer Ausgleichszahlung erlischt, sobald die Wohnung nicht mehr der Mietbindung unterliegt oder von keinem der Mieter mehr genutzt wird.

(2) Die Zahlungspflicht ist auf Antrag mit Wirkung vom ersten Tag des auf den Antrag folgenden Kalendermonats an auf den Betrag herabzusetzen, der den Verhältnissen im Zeitpunkt des Antrags entspricht, wenn dieser Betrag niedriger ist, weil

1.

das Gesamteinkommen die nach Absatz 2 oder auf Grund des Absatzes 3 des § 9 maßgebliche Einkommensgrenze unterschreitet,

2.

sich das Gesamteinkommen um mehr als 15 Prozent verringert hat,

3.

sich die Zahl der Haushaltsangehörigen und der die Wohnung nicht nur vorübergehend nutzenden sonstigen Personen erhöht hat oder

4.

sich die Miete nach § 28 Abs. 1 Satz 1 um mehr als 15 Prozent erhöht hat.

Die Herabsetzung nach Satz 1 soll rückwirkend erfolgen, wenn das die Herabsetzung begründende Ereignis durch eine amtliche Bescheinigung nachgewiesen wird und diese Bescheinigung erst zu einem späteren Zeitpunkt beigebracht werden kann. Der Antrag kann in den Fällen des Satzes 1 nur bis sechs Monate vor Ablauf des Leistungszeitraums, im Fall des Satzes 2 nur bis zum Ablauf des Leistungszeitraums gestellt werden. Die Länder können zur Vermeidung eines unvertretbaren Verwaltungsaufwands von Satz 1 abweichende Bestimmungen erlassen.

Teil 3
Bundesmittel

-

§§ 38 bis 43 (weggefallen)

-

Teil 4
Ergänzungsvorschriften

-

§ 44 Sonderregelungen für einzelne Länder

In dem in Artikel 3 des Einigungsvertrags genannten Gebiet gelten:

1.

Fördergegenstand ist bis zum 31. Dezember 2008 in Ergänzung des § 2 Abs. 1 auch die Instandsetzung vorhandener Wohnungen.

2.

Bei der Förderung der Modernisierung und, soweit sie nach Nummer 1 Fördergegenstand ist, der Instandsetzung von Mietwohnungen kann von der Begründung von Belegungsbindungen abgesehen werden, soweit in dem Gebiet auf Grund von nach § 12 Abs. 2 Satz 1 und 2 und § 13 des Altschuldenhilfe-Gesetzes erlassenen landesrechtlichen Vorschriften genügend Wohnungen belegungsgebunden sind.

-

§ 45 Förderung mit Wohnungsfürsorgemitteln

(1) Bei der Vergabe von Fördermitteln für Wohnungen, die für Angehörige des öffentlichen Dienstes oder ähnlicher Personengruppen aus öffentlichen Haushalten und Zweckvermögen unter Vereinbarung eines Wohnungsbesetzungsrechts unmittelbar oder mittelbar zur Verfügung gestellt werden (Wohnungsfürsorgemittel), findet § 28 entsprechende Anwendung.

(2) Auf die nach Absatz 1 geförderten Wohnungen sind die §§ 34 bis 37 und die hierzu ergangenen landesrechtlichen Vorschriften über die Erhebung von Ausgleichszahlungen mit folgenden Maßgaben anzuwenden:

1.

Für diese Wohnungen sind die landesrechtlichen Vorschriften des Landes, in dem die geförderten Wohnungen liegen, maßgeblich.

2.

Die eingezogenen Ausgleichszahlungen stehen den öffentlichen Haushalten oder Zweckvermögen zu, aus denen die Fördermittel verausgabt wurden; sie sind zur Förderung von Wohnungen nach Absatz 1 zu verwenden, soweit hierfür ein Bedarf besteht, im Übrigen für die soziale Wohnraumförderung. Sind für die Wohnungen auch Mittel der sozialen Wohnraumförderung eingesetzt worden, stehen die Einnahmen aus den

Ausgleichszahlungen dem jeweiligen öffentlichen Haushalt oder Zweckvermögen, aus dem die Wohnungsfürsorgemittel verausgabt worden sind, nur zu, wenn im Zeitpunkt der Bewilligung oder Förderzusage die Förderung mit Wohnungsfürsorgemitteln dem Betrage nach überwogen hat.

Teil 5
Überleitungs- und Schlussvorschriften

-

§ 46 Zeitlicher Anwendungsbereich

(1) Die §§ 1 bis 45 dieses Gesetzes finden auf Maßnahmen der sozialen Wohnraumförderung Anwendung, für die die Förderzusage nach dem 31. Dezember 2001 erteilt wird.
(2) Fördermittel können abweichend von Absatz 1 bis zum 31. Dezember 2002 auf der Grundlage des Zweiten Wohnungsbaugesetzes oder des Wohnungsbaugesetzes für das Saarland in der jeweils bis zum 31. Dezember 2001 geltenden Fassung bewilligt werden. Dabei können an Stelle des § 8 des Zweiten Wohnungsbaugesetzes und des § 6 des Wohnungsbaugesetzes für das Saarland § 18 und an Stelle des § 25 Abs. 2 und 3 und der §§ 25a bis 25d des Zweiten Wohnungsbaugesetzes sowie des § 14 Abs. 2 und 3 und der §§ 14a bis 14d des Wohnungsbaugesetzes für das Saarland § 9 Abs. 2 und die §§ 20 bis 24 angewendet werden.
(3) Bis zum Erlass der Rechtsverordnung nach § 19 Abs. 1 Satz 2 sind die §§ 42 bis 44 der Zweiten Berechnungsverordnung in der Fassung der Bekanntmachung vom 12. Oktober 1990 (BGBl. I S. 2178), die zuletzt durch Artikel 8 Abs. 2 des Gesetzes vom 19. Juni 2001 (BGBl. I S. 1149) geändert worden ist, anzuwenden. Bis zum Erlass der Rechtsverordnung nach § 19 Abs. 2 Satz 2 ist hinsichtlich der Betriebskosten § 27 der Zweiten Berechnungsverordnung mit ihrer Anlage 3 anzuwenden.

-

§ 47 Darlehen des Bundes und Förderung auf Grund früheren Rechts

(1) weggefallen
(2) Für die Einkommensermittlung nach § 88d Abs. 2 Nr. 4 des Zweiten Wohnungsbaugesetzes und nach § 51e Abs. 2 Nr. 4 des Wohnungsbaugesetzes für das Saarland bei Wohnungen, die nach § 88d des Zweiten Wohnungsbaugesetzes oder nach § 51e des Wohnungsbaugesetzes für das Saarland gefördert worden sind, finden an Stelle des § 25 Abs. 1 und 3 und der §§ 25a bis 25d des Zweiten Wohnungsbaugesetzes sowie des § 14 Abs. 1 und 3 und der §§ 14a bis 14d des Wohnungsbaugesetzes für das Saarland die §§ 20 bis 24 Anwendung. Satz 1 gilt entsprechend bei Wohnungen, die nach den §§ 88 bis 88c des Zweiten Wohnungsbaugesetzes gefördert worden sind.
(3) Ist in einer Bewilligung oder Förderzusage nach § 88 oder § 88d des Zweiten Wohnungsbaugesetzes bei der Bestimmung der Einkommensgrenze auf § 25 Abs. 2 des Zweiten Wohnungsbaugesetzes Bezug genommen worden, findet an Stelle dieser Bestimmung § 9 Abs. 2 Anwendung. Ist bei einer Förderzusage nach § 88d des Zweiten Wohnungsbaugesetzes eine Einkommensgrenze ohne Bezugnahme auf § 25 Abs. 2 des Zweiten Wohnungsbaugesetzes bestimmt worden, bleibt diese Bestimmung unberührt.
(4) Für die Sicherung der Zweckbestimmung von Wohnungen, die nach den §§ 87a, 87b, 88, 88d und 88e des Zweiten Wohnungsbaugesetzes gefördert worden sind, findet an Stelle des § 88f Abs. 1 Satz 1 und Abs. 2 des Zweiten Wohnungsbaugesetzes § 32 Abs. 2 und 3 Satz 1 sowie Abs. 4 und 5 Anwendung.
(5) Erfolgt zur Bestätigung der Wohnberechtigung für Wohnungen, die bis zum 31. Dezember 2001 und in den Fällen des § 46 Abs. 2 bis zum 31. Dezember 2002 nach den Vorschriften des Wohnungsbaugesetzes für das Saarland gefördert wurden, eine Einkommensberechnung, sind § 9 Abs. 2 und die §§ 20 bis 24 anzuwenden. Zum Haushalt des Wohnungssuchenden rechnen die in

§ 18 bezeichneten Angehörigen.

(6) Für Wohnungen, die bis zum 31. Dezember 2001 und in den Fällen des § 46 Abs. 2 bis zum 31. Dezember 2002 nach den Vorschriften des Wohnungsbaugesetzes für das Saarland gefördert wurden, gilt:

1.
auf die Erhebung von Daten ist § 32 Abs. 2 Satz 1 anzuwenden;

2.
auf die Erteilung von Auskünften über die Einkommensverhältnisse ist § 32 Abs. 2 und 3 Satz 1 und Abs. 4 anzuwenden.

-

§ 48 Anwendung des Zweiten Wohnungsbaugesetzes

(1) Folgende Vorschriften des Zweiten Wohnungsbaugesetzes in der bis zum 31. Dezember 2001 geltenden Fassung sind weiter anzuwenden:

1.
Auf vor dem 1. Januar 2002 und in den Fällen des § 46 Abs. 2 vor dem 1. Januar 2003

a)
nach den §§ 42 bis 45 des Zweiten Wohnungsbaugesetzes bewilligte Darlehen für die Bilanzierung von Aufwendungsdarlehen und Annuitätsdarlehen § 42 Abs.1 Satz 3 in Verbindung mit § 88 Abs. 3 des Zweiten Wohnungsbaugesetzes, für Zinserhöhungen und erstmalige Verzinsungen § 44 Abs. 2 und 3 des Zweiten Wohnungsbaugesetzes, für Tilgungserhöhungen § 44 Abs. 4 Satz 2 und 3 des Zweiten Wohnungsbaugesetzes, für Kündigungen § 44 Abs. 5 Satz 2 und 3 des Zweiten Wohnungsbaugesetzes, für die Bewilligung eines Zusatzdarlehens bei Kaufeigenheimen, Trägerkleinsiedlungen und Kaufeigentumswohnungen § 45 Abs. 3 Satz 2 Halbsatz 2, Abs. 6 Satz 4 und Abs. 7 des Zweiten Wohnungsbaugesetzes, für die Rückzahlung eines Familienzusatzdarlehens § 45 Abs. 8 des Zweiten Wohnungsbaugesetzes;

b)
nach § 87a des Zweiten Wohnungsbaugesetzes bewilligte Wohnungsfürsorgemittel, mit Ausnahme von Wohnungsfürsorgemitteln des Bundes sowie der früheren öffentlich-rechtlichen Sondervermögen des Bundes oder deren Rechtsnachfolger, § 87a des Zweiten Wohnungsbaugesetzes;

c)
nach den §§ 87a und 87b des Zweiten Wohnungsbaugesetzes geförderte Wohnungen § 88f Abs. 1 Satz 2 des Zweiten Wohnungsbaugesetzes mit der Maßgabe, dass sich die Aufgaben der zuständigen Stelle auf den nach § 47 Abs. 4 anzuwendenden § 32 Abs. 2 und 4 beziehen;

d)
nach § 88 des Zweiten Wohnungsbaugesetzes bewilligte Aufwendungsdarlehen und -zuschüsse § 88b Abs. 2 bis 4 und § 88c des Zweiten Wohnungsbaugesetzes und für die Ausweisung eines Aufwendungsdarlehens in der Bilanz § 88 Abs. 3 des Zweiten Wohnungsbaugesetzes;

e)
nach § 88e des Zweiten Wohnungsbaugesetzes bewilligte einkommensorientierte Förderung § 88e Abs. 2 und 3 und § 88f Abs. 2 des Zweiten Wohnungsbaugesetzes;

2.
für die Ablösung von öffentlichen Baudarlehen durch Eigentümer eines Eigenheims, einer Eigensiedlung oder einer eigen genutzten Eigentumswohnung, für die öffentliche Mittel nach dem 31. Dezember 1969 bewilligt worden sind, bis zum 28. Februar 2002 § 69 des Zweiten Wohnungsbaugesetzes;

3.
auf den sich ergebenden Ausfall an Rückflüssen durch die Ablösung nach § 69 des Zweiten

Wohnungsbaugesetzes § 70 Abs. 1 des Zweiten Wohnungsbaugesetzes.

(2) Auf der Grundlage des Zweiten Wohnungsbaugesetzes wirksame Entscheidungen und sonstige Maßnahmen gelten weiter.

-

§ 49 Anwendung des Wohnungsbaugesetzes für das Saarland

(1) Folgende Vorschriften des Wohnungsbaugesetzes für das Saarland in der bis zum 31. Dezember 2001 geltenden Fassung sind weiter anzuwenden:

1.

Auf vor dem 1. Januar 2002 und in den Fällen des § 46 Abs. 2 vor dem 1. Januar 2003

a)

nach den §§ 24 bis 27 des Wohnungsbaugesetzes für das Saarland bewilligte Darlehen für Zinserhöhungen und erstmalige Verzinsungen § 26 Abs. 2 und 3 des Wohnungsbaugesetzes für das Saarland, für Tilgungserhöhungen § 26 Abs. 4 Satz 2 und 3 des Wohnungsbaugesetzes für das Saarland, für Kündigungen § 26 Abs. 5 Satz 2 und 3 des Wohnungsbaugesetzes für das Saarland, für die Bewilligung eines Zusatzdarlehens bei Kaufeigenheimen, Trägerkleinsiedlungen und Kaufeigentumswohnungen § 27 Abs. 3 Satz 2 Halbsatz 2, Abs. 6 Satz 4 und Abs. 7 des Wohnungsbaugesetzes für das Saarland, für die Rückzahlung eines Familienzusatzdarlehens § 27 Abs. 8 des Wohnungsbaugesetzes für das Saarland, für die höchstzulässige Miete § 29a des Wohnungsbaugesetzes für das Saarland;

b)

nach § 38 des Wohnungsbaugesetzes für das Saarland bewilligte Wohnungsfürsorgemittel § 38 des Wohnungsbaugesetzes für das Saarland;

c)

nach § 51a des Wohnungsbaugesetzes für das Saarland bewilligte Aufwendungsdarlehen und -zuschüsse § 51c Abs. 2 und 3 und § 51d des Wohnungsbaugesetzes für das Saarland, für die Ausweisung eines Aufwendungsdarlehens in der Bilanz § 51a Abs. 3 des Wohnungsbaugesetzes für das Saarland;

2.

für die Ablösung von öffentlichen Baudarlehen durch Eigentümer eines Eigenheims, einer Eigensiedlung oder einer eigen genutzten Eigentumswohnung, für die öffentliche Mittel nach dem 31. Dezember 1969 bewilligt worden sind, bis zum 28. Februar 2002 § 34 des Wohnungsbaugesetzes für das Saarland;

3.

auf den sich ergebenden Ausfall an Rückflüssen durch die Ablösung nach § 34 des Wohnungsbaugesetzes für das Saarland § 35 des Wohnungsbaugesetzes für das Saarland;

4.

für die Anpassung von Förderungsbestimmungen, deren Gegenstand die Errechnung und Anpassung der Kostenmiete für Wohnungen ist, die nach § 24 des Wohnungsbaugesetzes für das Saarland vor dem 1. Januar 2002 und in Fällen des § 46 Abs. 2 vor dem 1. Januar 2003 gefördert wurden, § 57 Abs. 2 des Wohnungsbaugesetzes für das Saarland.

(2) Auf der Grundlage des Wohnungsbaugesetzes für das Saarland wirksame Entscheidungen, die auf seiner Grundlage erlassenen Bestimmungen und sonstige Maßnahmen gelten weiter.

-

§ 50 Anwendung des Wohnungsbindungsgesetzes, der Neubaumietenverordnung und der Zweiten Berechnungsverordnung

(1) Das Wohnungsbindungsgesetz in der Fassung der Bekanntmachung vom 19. August 1994 (BGBl. I S. 2166, 2319), geändert durch Artikel 7 Abs. 11 des Gesetzes vom 19. Juni 2001 (BGBl. I

S. 1149), die Neubaumietenverordnung in der Fassung der Bekanntmachung vom 12. Oktober 1990 (BGBl. I S. 2203), geändert durch Artikel 2 der Verordnung vom 13. Juli 1992 (BGBl. I S. 1250), und die Zweite Berechnungsverordnung in der Fassung der Bekanntmachung vom 12. Oktober 1990 (BGBl. I S. 2178), zuletzt geändert durch Artikel 8 Abs. 2 des Gesetzes vom 19. Juni 2001 (BGBl. I S. 1149), sind ab 1. Januar 2002 in der jeweils geltenden Fassung auf Wohnraum,

1.
   für den öffentliche Mittel im Sinne des § 6 Abs. 1 des Zweiten Wohnungsbaugesetzes bis zum 31. Dezember 2001 bewilligt worden sind,

2.
   für den öffentliche Mittel im Sinne des § 3 des Ersten Wohnungsbaugesetzes bewilligt worden sind,

3.
   für dessen Bau ein Darlehen oder ein Zuschuss aus Wohnungsfürsorgemitteln, mit Ausnahme von Wohnungsfürsorgemitteln des Bundes sowie der früheren öffentlich-rechtlichen Sondervermögen des Bundes oder deren Rechtsnachfolger, nach § 87a Abs. 1 Satz 1 des Zweiten Wohnungsbaugesetzes bis zum 31. Dezember 2001 bewilligt worden ist,

4.
   für den Aufwendungszuschüsse und Aufwendungsdarlehen nach § 88 des Zweiten Wohnungsbaugesetzes bis zum 31. Dezember 2001 bewilligt worden sind,

5.
   (weggefallen)

vorbehaltlich des Absatzes 2 anzuwenden, soweit das Wohnungsbindungsgesetz, die Neubaumietenverordnung und die Zweite Berechnungsverordnung hierfür am 31. Dezember 2001 Anwendung finden. Satz 1 gilt auch, wenn Fördermittel nach § 46 Abs. 2 bewilligt werden.

(2) Verfahren nach dem Wohnungsbindungsgesetz, der Neubaumietenverordnung und der Zweiten Berechnungsverordnung, die vor dem 1. Januar 2002 und im Fall des § 46 Abs. 2 vor dem 1. Januar 2003 förmlich eingeleitet worden sind, werden nach den bis zum 31. Dezember 2001 geltenden Vorschriften abgeschlossen. Auf der Grundlage der jeweils bis zum 31. Dezember 2001 geltenden Fassung des Wohnungsbindungsgesetzes, der Neubaumietenverordnung und der Zweiten Berechnungsverordnung wirksame Entscheidungen und sonstige Maßnahmen gelten weiter. Verfahren, die nach dem 1. Januar 2002 nach § 46 Abs. 2 förmlich eingeleitet worden sind, können nach dem Wohnungsbindungsgesetz, der Neubaumietenverordnung und der Zweiten Berechnungsverordnung in der jeweils ab dem 1. Januar 2002 geltenden Fassung durchgeführt werden.

-

§ 51 Anwendung des Gesetzes über den Abbau der Fehlsubventionierung im Wohnungswesen

(1) Das Gesetz über den Abbau der Fehlsubventionierung im Wohnungswesen in der Fassung der Bekanntmachung vom 19. August 1994 (BGBl. I S. 2180), zuletzt geändert durch Artikel 7 Abs. 13 des Gesetzes vom 19. Juni 2001 (BGBl. I S. 1149), ist ab 1. Januar 2002 in der jeweils geltenden Fassung für den in § 50 Abs. 1 Satz 1 Nr. 1 bis 3 und Satz 2 und den in § 2 Abs. 2 Nr. 2 des Wohnraumförderung-Überleitungsgesetzes vom 5. September 2006 (BGBl. I S. 2098, 2100) bezeichneten Wohnraum anzuwenden, bis das Land für die Erhebung von Ausgleichszahlungen nach Maßgabe des § 15 des Gesetzes über den Abbau der Fehlsubventionierung im Wohnungswesen Vorschriften erlassen hat.

(2) § 50 Abs. 2 gilt für Verfahren sowie für wirksame Entscheidungen und sonstige Maßnahmen nach dem Gesetz über den Abbau der Fehlsubventionierung im Wohnungswesen entsprechend.

-

§ 52 Bußgeldvorschriften

(1) Ordnungswidrig handelt, wer

1.

   entgegen § 27 Abs. 1 eine Wohnung zum Gebrauch überlässt,

2.

   ohne Genehmigung nach § 27 Abs. 7 Satz 1 Nr. 1 oder 2 eine Wohnung selbst nutzt oder nicht nur vorübergehend, mindestens drei Monate, leer stehen lässt,

3.

   ohne Genehmigung nach § 27 Abs. 7 Satz 1 Nr. 3 eine Wohnung anderen als Wohnzwecken zuführt oder entsprechend baulich ändert,

4.

   entgegen § 28 Abs. 2 eine Wohnung zum Gebrauch überlässt,

5.

   entgegen § 28 Abs. 4 eine dort genannte Leistung fordert, sich versprechen lässt oder annimmt oder

6.

   entgegen § 32 Abs. 3 Satz 1 eine Mitteilung nicht, nicht richtig, nicht vollständig oder nicht rechtzeitig macht.

(2) Die Ordnungswidrigkeit kann in den Fällen des Absatzes 1 Nr. 6 mit einer Geldbuße bis zu zweitausendfünfhundert Euro, in den Fällen des Absatzes 1 Nr. 1 und 2 mit einer Geldbuße bis zu zehntausend Euro, in den übrigen Fällen mit einer Geldbuße bis zu fünfzigtausend Euro geahndet werden.

Gesetz über das Wohnungseigentum und das Dauerwohnrecht

Wohnungseigentumsgesetz

Ausfertigungsdatum: 15.03.1951

"Wohnungseigentumsgesetz in der im Bundesgesetzblatt Teil III, Gliederungsnummer 403-1, veröffentlichten bereinigten Fassung, das zuletzt durch Artikel 4 des Gesetzes vom 5. Dezember 2014 (BGBl. I S. 1962) geändert worden ist" Zuletzt geändert durch Art. 4 G v. 5.12.2014 I 1962.

Fußnote

(+++ Textnachweis Geltung ab: 1.10.1973 +++)

Wegen des Umfangs der Geltung im Saarland vgl. § 3 II Nr. 1 G v. 30.6.1959 101-3; in Berlin gem. Art. III G v. 2.8.1951 GVBl. S. 547 am 10.8.1951 in Kraft getreten

I. Teil
Wohnungseigentum

§ 1 Begriffsbestimmungen

(1) Nach Maßgabe dieses Gesetzes kann an Wohnungen das Wohnungseigentum, an nicht zu Wohnzwecken dienenden Räumen eines Gebäudes das Teileigentum begründet werden.
(2) Wohnungseigentum ist das Sondereigentum an einer Wohnung in Verbindung mit dem Miteigentumsanteil an dem gemeinschaftlichen Eigentum, zu dem es gehört.
(3) Teileigentum ist das Sondereigentum an nicht zu Wohnzwecken dienenden Räumen eines Gebäudes in Verbindung mit dem Miteigentumsanteil an dem gemeinschaftlichen Eigentum, zu dem es gehört.
(4) Wohnungseigentum und Teileigentum können nicht in der Weise begründet werden, daß das Sondereigentum mit Miteigentum an mehreren Grundstücken verbunden wird.
(5) Gemeinschaftliches Eigentum im Sinne dieses Gesetzes sind das Grundstück sowie die Teile, Anlagen und Einrichtungen des Gebäudes, die nicht im Sondereigentum oder im Eigentum eines Dritten stehen.
(6) Für das Teileigentum gelten die Vorschriften über das Wohnungseigentum entsprechend.

1. Abschnitt
Begründung des Wohnungseigentums

§ 2 Arten der Begründung

Wohnungseigentum wird durch die vertragliche Einräumung von Sondereigentum (§ 3) oder durch Teilung (§ 8) begründet.

§ 3 Vertragliche Einräumung von Sondereigentum

(1) Das Miteigentum (§ 1008 des Bürgerlichen Gesetzbuchs) an einem Grundstück kann durch Vertrag der Miteigentümer in der Weise beschränkt werden, daß jedem der Miteigentümer abweichend von § 93 des Bürgerlichen Gesetzbuchs das Sondereigentum an einer bestimmten Wohnung oder an nicht zu Wohnzwecken dienenden bestimmten Räumen in einem auf dem Grundstück errichteten oder zu errichtenden Gebäude eingeräumt wird.
(2) Sondereigentum soll nur eingeräumt werden, wenn die Wohnungen oder sonstigen Räume in sich abgeschlossen sind. Garagenstellplätze gelten als abgeschlossene Räume, wenn ihre Flächen durch dauerhafte Markierungen ersichtlich sind.
(3) (weggefallen)

§ 4 Formvorschriften

(1) Zur Einräumung und zur Aufhebung des Sondereigentums ist die Einigung der Beteiligten über den Eintritt der Rechtsänderung und die Eintragung in das Grundbuch erforderlich.
(2) Die Einigung bedarf der für die Auflassung vorgeschriebenen Form. Sondereigentum kann nicht unter einer Bedingung oder Zeitbestimmung eingeräumt oder aufgehoben werden.
(3) Für einen Vertrag, durch den sich ein Teil verpflichtet, Sondereigentum einzuräumen, zu erwerben oder aufzuheben, gilt § 311b Abs. 1 des Bürgerlichen Gesetzbuchs entsprechend.

§ 5 Gegenstand und Inhalt des Sondereigentums

(1) Gegenstand des Sondereigentums sind die gemäß § 3 Abs. 1 bestimmten Räume sowie die zu diesen Räumen gehörenden Bestandteile des Gebäudes, die verändert, beseitigt oder eingefügt werden können, ohne daß dadurch das gemeinschaftliche Eigentum oder ein auf Sondereigentum beruhendes Recht eines anderen Wohnungseigentümers über das nach § 14 zulässige Maß hinaus beeinträchtigt oder die äußere Gestaltung des Gebäudes verändert wird.
(2) Teile des Gebäudes, die für dessen Bestand oder Sicherheit erforderlich sind, sowie Anlagen und Einrichtungen, die dem gemeinschaftlichen Gebrauch der Wohnungseigentümer dienen, sind nicht Gegenstand des Sondereigentums, selbst wenn sie sich im Bereich der im Sondereigentum stehenden Räume befinden.
(3) Die Wohnungseigentümer können vereinbaren, daß Bestandteile des Gebäudes, die Gegenstand des Sondereigentums sein können, zum gemeinschaftlichen Eigentum gehören.
(4) Vereinbarungen über das Verhältnis der Wohnungseigentümer untereinander können nach den Vorschriften des 2. und 3. Abschnitts zum Inhalt des Sondereigentums gemacht werden. Ist das Wohnungseigentum mit der Hypothek, Grund- oder Rentenschuld oder der Reallast eines Dritten belastet, so ist dessen nach anderen Rechtsvorschriften notwendige Zustimmung zu der Vereinbarung nur erforderlich, wenn ein Sondernutzungsrecht begründet oder ein mit dem Wohnungseigentum verbundenes Sondernutzungsrecht aufgehoben, geändert oder übertragen wird. Bei der Begründung eines Sondernutzungsrechts ist die Zustimmung des Dritten nicht erforderlich, wenn durch die Vereinbarung gleichzeitig das zu seinen Gunsten belastete Wohnungseigentum mit einem Sondernutzungsrecht verbunden wird.
-

§ 6 Unselbständigkeit des Sondereigentums

(1) Das Sondereigentum kann ohne den Miteigentumsanteil, zu dem es gehört, nicht veräußert oder belastet werden.
(2) Rechte an dem Miteigentumsanteil erstrecken sich auf das zu ihm gehörende Sondereigentum.
-

§ 7 Grundbuchvorschriften

(1) Im Falle des § 3 Abs. 1 wird für jeden Miteigentumsanteil von Amts wegen ein besonderes Grundbuchblatt (Wohnungsgrundbuch, Teileigentumsgrundbuch) angelegt. Auf diesem ist das zu dem Miteigentumsanteil gehörende Sondereigentum und als Beschränkung des Miteigentums die Einräumung der zu den anderen Miteigentumsanteilen gehörenden Sondereigentumsrechte einzutragen. Das Grundbuchblatt des Grundstücks wird von Amts wegen geschlossen.
(2) (weggefallen)
(3) Zur näheren Bezeichnung des Gegenstands und des Inhalts des Sondereigentums kann auf die Eintragungsbewilligung Bezug genommen werden.
(4) Der Eintragungsbewilligung sind als Anlagen beizufügen:

1.
   eine von der Baubehörde mit Unterschrift und Siegel oder Stempel versehene Bauzeichnung, aus der die Aufteilung des Gebäudes sowie die Lage und Größe der im Sondereigentum und der im gemeinschaftlichen Eigentum stehenden Gebäudeteile ersichtlich ist (Aufteilungsplan); alle zu demselben Wohnungseigentum gehörenden Einzelräume sind mit der jeweils gleichen Nummer zu kennzeichnen;
2.
   eine Bescheinigung der Baubehörde, daß die Voraussetzungen des § 3 Abs. 2 vorliegen.
Wenn in der Eintragungsbewilligung für die einzelnen Sondereigentumsrechte Nummern angegeben werden, sollen sie mit denen des Aufteilungsplans übereinstimmen. Die Landesregierungen können durch Rechtsverordnung bestimmen, dass und in welchen Fällen der Aufteilungsplan (Satz 1 Nr. 1) und die Abgeschlossenheit (Satz 1 Nr. 2) von einem öffentlich

bestellten oder anerkannten Sachverständigen für das Bauwesen statt von der Baubehörde ausgefertigt und bescheinigt werden. Werden diese Aufgaben von dem Sachverständigen wahrgenommen, so gelten die Bestimmungen der Allgemeinen Verwaltungsvorschrift für die Ausstellung von Bescheinigungen gemäß § 7 Abs. 4 Nr. 2 und § 32 Abs. 2 Nr. 2 des Wohnungseigentumsgesetzes vom 19. März 1974 (BAnz. Nr. 58 vom 23. März 1974) entsprechend. In diesem Fall bedürfen die Anlagen nicht der Form des § 29 der Grundbuchordnung. Die Landesregierungen können die Ermächtigung durch Rechtsverordnung auf die Landesbauverwaltungen übertragen.

(5) Für Teileigentumsgrundbücher gelten die Vorschriften über Wohnungsgrundbücher entsprechend.

-

§ 8 Teilung durch den Eigentümer

(1) Der Eigentümer eines Grundstücks kann durch Erklärung gegenüber dem Grundbuchamt das Eigentum an dem Grundstück in Miteigentumsanteile in der Weise teilen, daß mit jedem Anteil das Sondereigentum an einer bestimmten Wohnung oder an nicht zu Wohnzwecken dienenden bestimmten Räumen in einem auf dem Grundstück errichteten oder zu errichtenden Gebäude verbunden ist.

(2) Im Falle des Absatzes 1 gelten die Vorschriften des § 3 Abs. 2 und der §§ 5, 6, § 7 Abs. 1, 3 bis 5 entsprechend. Die Teilung wird mit der Anlegung der Wohnungsgrundbücher wirksam.

-

§ 9 Schließung der Wohnungsgrundbücher

(1) Die Wohnungsgrundbücher werden geschlossen:

1.
   von Amts wegen, wenn die Sondereigentumsrechte gemäß § 4 aufgehoben werden;
2.
   auf Antrag sämtlicher Wohnungseigentümer, wenn alle Sondereigentumsrechte durch völlige Zerstörung des Gebäudes gegenstandslos geworden sind und der Nachweis hierfür durch eine Bescheinigung der Baubehörde erbracht ist;
3.
   auf Antrag des Eigentümers, wenn sich sämtliche Wohnungseigentumsrechte in einer Person vereinigen.

(2) Ist ein Wohnungseigentum selbständig mit dem Recht eines Dritten belastet, so werden die allgemeinen Vorschriften, nach denen zur Aufhebung des Sondereigentums die Zustimmung des Dritten erforderlich ist, durch Absatz 1 nicht berührt.

(3) Werden die Wohnungsgrundbücher geschlossen, so wird für das Grundstück ein Grundbuchblatt nach den allgemeinen Vorschriften angelegt; die Sondereigentumsrechte erlöschen, soweit sie nicht bereits aufgehoben sind, mit der Anlegung des Grundbuchblatts.

2. Abschnitt
Gemeinschaft der Wohnungseigentümer

-

§ 10 Allgemeine Grundsätze

(1) Inhaber der Rechte und Pflichten nach den Vorschriften dieses Gesetzes, insbesondere des Sondereigentums und des gemeinschaftlichen Eigentums, sind die Wohnungseigentümer, soweit nicht etwas anderes ausdrücklich bestimmt ist.

(2) Das Verhältnis der Wohnungseigentümer untereinander bestimmt sich nach den Vorschriften

dieses Gesetzes und, soweit dieses Gesetz keine besonderen Bestimmungen enthält, nach den Vorschriften des Bürgerlichen Gesetzbuchs über die Gemeinschaft. Die Wohnungseigentümer können von den Vorschriften dieses Gesetzes abweichende Vereinbarungen treffen, soweit nicht etwas anderes ausdrücklich bestimmt ist. Jeder Wohnungseigentümer kann eine vom Gesetz abweichende Vereinbarung oder die Anpassung einer Vereinbarung verlangen, soweit ein Festhalten an der geltenden Regelung aus schwerwiegenden Gründen unter Berücksichtigung aller Umstände des Einzelfalles, insbesondere der Rechte und Interessen der anderen Wohnungseigentümer, unbillig erscheint.

(3) Vereinbarungen, durch die die Wohnungseigentümer ihr Verhältnis untereinander in Ergänzung oder Abweichung von Vorschriften dieses Gesetzes regeln, sowie die Abänderung oder Aufhebung solcher Vereinbarungen wirken gegen den Sondernachfolger eines Wohnungseigentümers nur, wenn sie als Inhalt des Sondereigentums im Grundbuch eingetragen sind.

(4) Beschlüsse der Wohnungseigentümer gemäß § 23 und gerichtliche Entscheidungen in einem Rechtsstreit gemäß § 43 bedürfen zu ihrer Wirksamkeit gegen den Sondernachfolger eines Wohnungseigentümers nicht der Eintragung in das Grundbuch. Dies gilt auch für die gemäß § 23 Abs. 1 aufgrund einer Vereinbarung gefassten Beschlüsse, die vom Gesetz abweichen oder eine Vereinbarung ändern.

(5) Rechtshandlungen in Angelegenheiten, über die nach diesem Gesetz oder nach einer Vereinbarung der Wohnungseigentümer durch Stimmenmehrheit beschlossen werden kann, wirken, wenn sie auf Grund eines mit solcher Mehrheit gefaßten Beschlusses vorgenommen werden, auch für und gegen die Wohnungseigentümer, die gegen den Beschluß gestimmt oder an der Beschlußfassung nicht mitgewirkt haben.

(6) Die Gemeinschaft der Wohnungseigentümer kann im Rahmen der gesamten Verwaltung des gemeinschaftlichen Eigentums gegenüber Dritten und Wohnungseigentümern selbst Rechte erwerben und Pflichten eingehen. Sie ist Inhaberin der als Gemeinschaft gesetzlich begründeten und rechtsgeschäftlich erworbenen Rechte und Pflichten. Sie übt die gemeinschaftsbezogenen Rechte der Wohnungseigentümer aus und nimmt die gemeinschaftsbezogenen Pflichten der Wohnungseigentümer wahr, ebenso sonstige Rechte und Pflichten der Wohnungseigentümer, soweit diese gemeinschaftlich geltend gemacht werden können oder zu erfüllen sind. Die Gemeinschaft muss die Bezeichnung "Wohnungseigentümergemeinschaft" gefolgt von der bestimmten Angabe des gemeinschaftlichen Grundstücks führen. Sie kann vor Gericht klagen und verklagt werden.

(7) Das Verwaltungsvermögen gehört der Gemeinschaft der Wohnungseigentümer. Es besteht aus den im Rahmen der gesamten Verwaltung des gemeinschaftlichen Eigentums gesetzlich begründeten und rechtsgeschäftlich erworbenen Sachen und Rechten sowie den entstandenen Verbindlichkeiten. Zu dem Verwaltungsvermögen gehören insbesondere die Ansprüche und Befugnisse aus Rechtsverhältnissen mit Dritten und mit Wohnungseigentümern sowie die eingenommenen Gelder. Vereinigen sich sämtliche Wohnungseigentumsrechte in einer Person, geht das Verwaltungsvermögen auf den Eigentümer des Grundstücks über.

(8) Jeder Wohnungseigentümer haftet einem Gläubiger nach dem Verhältnis seines Miteigentumsanteils (§ 16 Abs. 1 Satz 2) für Verbindlichkeiten der Gemeinschaft der Wohnungseigentümer, die während seiner Zugehörigkeit zur Gemeinschaft entstanden oder während dieses Zeitraums fällig geworden sind; für die Haftung nach Veräußerung des Wohnungseigentums ist § 160 des Handelsgesetzbuches entsprechend anzuwenden. Er kann gegenüber einem Gläubiger neben den in seiner Person begründeten auch die der Gemeinschaft zustehenden Einwendungen und Einreden geltend machen, nicht aber seine Einwendungen und Einreden gegenüber der Gemeinschaft. Für die Einrede der Anfechtbarkeit und Aufrechenbarkeit ist § 770 des Bürgerlichen Gesetzbuches entsprechend anzuwenden. Die Haftung eines Wohnungseigentümers gegenüber der Gemeinschaft wegen nicht ordnungsmäßiger Verwaltung bestimmt sich nach Satz 1.

-

§ 11 Unauflöslichkeit der Gemeinschaft

(1) Kein Wohnungseigentümer kann die Aufhebung der Gemeinschaft verlangen. Dies gilt auch für eine Aufhebung aus wichtigem Grund. Eine abweichende Vereinbarung ist nur für den Fall zulässig, daß das Gebäude ganz oder teilweise zerstört wird und eine Verpflichtung zum Wiederaufbau nicht besteht.

(2) Das Recht eines Pfändungsgläubigers (§ 751 des Bürgerlichen Gesetzbuchs) sowie das im Insolvenzverfahren bestehende Recht (§ 84 Abs. 2 der Insolvenzordnung), die Aufhebung der Gemeinschaft zu verlangen, ist ausgeschlossen.

(3) Ein Insolvenzverfahren über das Verwaltungsvermögen der Gemeinschaft findet nicht statt.

-

§ 12 Veräußerungsbeschränkung

(1) Als Inhalt des Sondereigentums kann vereinbart werden, daß ein Wohnungseigentümer zur Veräußerung seines Wohnungseigentums der Zustimmung anderer Wohnungseigentümer oder eines Dritten bedarf.

(2) Die Zustimmung darf nur aus einem wichtigen Grund versagt werden. Durch Vereinbarung gemäß Absatz 1 kann dem Wohnungseigentümer darüber hinaus für bestimmte Fälle ein Anspruch auf Erteilung der Zustimmung eingeräumt werden.

(3) Ist eine Vereinbarung gemäß Absatz 1 getroffen, so ist eine Veräußerung des Wohnungseigentums und ein Vertrag, durch den sich der Wohnungseigentümer zu einer solchen Veräußerung verpflichtet, unwirksam, solange nicht die erforderliche Zustimmung erteilt ist. Einer rechtsgeschäftlichen Veräußerung steht eine Veräußerung im Wege der Zwangsvollstreckung oder durch den Insolvenzverwalter gleich.

(4) Die Wohnungseigentümer können durch Stimmenmehrheit beschließen, dass eine Veräußerungsbeschränkung gemäß Absatz 1 aufgehoben wird. Diese Befugnis kann durch Vereinbarung der Wohnungseigentümer nicht eingeschränkt oder ausgeschlossen werden. Ist ein Beschluss gemäß Satz 1 gefasst, kann die Veräußerungsbeschränkung im Grundbuch gelöscht werden. Der Bewilligung gemäß § 19 der Grundbuchordnung bedarf es nicht, wenn der Beschluss gemäß Satz 1 nachgewiesen wird. Für diesen Nachweis ist § 26 Abs. 3 entsprechend anzuwenden.

-

§ 13 Rechte des Wohnungseigentümers

(1) Jeder Wohnungseigentümer kann, soweit nicht das Gesetz oder Rechte Dritter entgegenstehen, mit den im Sondereigentum stehenden Gebäudeteilen nach Belieben verfahren, insbesondere diese bewohnen, vermieten, verpachten oder in sonstiger Weise nutzen, und andere von Einwirkungen ausschließen.

(2) Jeder Wohnungseigentümer ist zum Mitgebrauch des gemeinschaftlichen Eigentums nach Maßgabe der §§ 14, 15 berechtigt. An den sonstigen Nutzungen des gemeinschaftlichen Eigentums gebührt jedem Wohnungseigentümer ein Anteil nach Maßgabe des § 16.

-

§ 14 Pflichten des Wohnungseigentümers

Jeder Wohnungseigentümer ist verpflichtet:

1.

die im Sondereigentum stehenden Gebäudeteile so instand zu halten und von diesen sowie von dem gemeinschaftlichen Eigentum nur in solcher Weise Gebrauch zu machen, daß dadurch keinem der anderen Wohnungseigentümer über das bei einem geordneten Zusammenleben unvermeidliche Maß hinaus ein Nachteil erwächst;

2.

für die Einhaltung der in Nummer 1 bezeichneten Pflichten durch Personen zu sorgen, die seinem Hausstand oder Geschäftsbetrieb angehören oder denen er sonst die Benutzung der im Sonder- oder Miteigentum stehenden Grundstücks- oder Gebäudeteile überläßt;

3.

Einwirkungen auf die im Sondereigentum stehenden Gebäudeteile und das gemeinschaftliche Eigentum zu dulden, soweit sie auf einem nach Nummer 1, 2 zulässigen Gebrauch beruhen;

4.

das Betreten und die Benutzung der im Sondereigentum stehenden Gebäudeteile zu gestatten, soweit dies zur Instandhaltung und Instandsetzung des gemeinschaftlichen Eigentums erforderlich ist; der hierdurch entstehende Schaden ist zu ersetzen.

-

§ 15 Gebrauchsregelung

(1) Die Wohnungseigentümer können den Gebrauch des Sondereigentums und des gemeinschaftlichen Eigentums durch Vereinbarung regeln.

(2) Soweit nicht eine Vereinbarung nach Absatz 1 entgegensteht, können die Wohnungseigentümer durch Stimmenmehrheit einen der Beschaffenheit der im Sondereigentum stehenden Gebäudeteile und des gemeinschaftlichen Eigentums entsprechenden ordnungsmäßigen Gebrauch beschließen.

(3) Jeder Wohnungseigentümer kann einen Gebrauch der im Sondereigentum stehenden Gebäudeteile und des gemeinschaftlichen Eigentums verlangen, der dem Gesetz, den Vereinbarungen und Beschlüssen und, soweit sich die Regelung hieraus nicht ergibt, dem Interesse der Gesamtheit der Wohnungseigentümer nach billigem Ermessen entspricht.

-

§ 16 Nutzungen, Lasten und Kosten

(1) Jedem Wohnungseigentümer gebührt ein seinem Anteil entsprechender Bruchteil der Nutzungen des gemeinschaftlichen Eigentums. Der Anteil bestimmt sich nach dem gemäß § 47 der Grundbuchordnung im Grundbuch eingetragenen Verhältnis der Miteigentumsanteile.

(2) Jeder Wohnungseigentümer ist den anderen Wohnungseigentümern gegenüber verpflichtet, die Lasten des gemeinschaftlichen Eigentums sowie die Kosten der Instandhaltung, Instandsetzung, sonstigen Verwaltung und eines gemeinschaftlichen Gebrauchs des gemeinschaftlichen Eigentums nach dem Verhältnis seines Anteils (Absatz 1 Satz 2) zu tragen.

(3) Die Wohnungseigentümer können abweichend von Absatz 2 durch Stimmenmehrheit beschließen, dass die Betriebskosten des gemeinschaftlichen Eigentums oder des Sondereigentums im Sinne des § 556 Abs. 1 des Bürgerlichen Gesetzbuches, die nicht unmittelbar gegenüber Dritten abgerechnet werden, und die Kosten der Verwaltung nach Verbrauch oder Verursachung erfasst und nach diesem oder nach einem anderen Maßstab verteilt werden, soweit dies ordnungsmäßiger Verwaltung entspricht.

(4) Die Wohnungseigentümer können im Einzelfall zur Instandhaltung oder Instandsetzung im Sinne des § 21 Abs. 5 Nr. 2 oder zu baulichen Veränderungen oder Aufwendungen im Sinne des § 22 Abs. 1 und 2 durch Beschluss die Kostenverteilung abweichend von Absatz 2 regeln, wenn der abweichende Maßstab dem Gebrauch oder der Möglichkeit des Gebrauchs durch die Wohnungseigentümer Rechnung trägt. Der Beschluss zur Regelung der Kostenverteilung nach Satz 1 bedarf einer Mehrheit von drei Viertel aller stimmberechtigten Wohnungseigentümer im Sinne des § 25 Abs. 2 und mehr als der Hälfte aller Miteigentumsanteile.

(5) Die Befugnisse im Sinne der Absätze 3 und 4 können durch Vereinbarung der Wohnungseigentümer nicht eingeschränkt oder ausgeschlossen werden.

(6) Ein Wohnungseigentümer, der einer Maßnahme nach § 22 Abs. 1 nicht zugestimmt hat, ist nicht berechtigt, einen Anteil an Nutzungen, die auf einer solchen Maßnahme beruhen, zu

beanspruchen; er ist nicht verpflichtet, Kosten, die durch eine solche Maßnahme verursacht sind, zu tragen. Satz 1 ist bei einer Kostenverteilung gemäß Absatz 4 nicht anzuwenden.

(7) Zu den Kosten der Verwaltung im Sinne des Absatzes 2 gehören insbesondere Kosten eines Rechtsstreits gemäß § 18 und der Ersatz des Schadens im Falle des § 14 Nr. 4.

(8) Kosten eines Rechtsstreits gemäß § 43 gehören nur dann zu den Kosten der Verwaltung im Sinne des Absatzes 2, wenn es sich um Mehrkosten gegenüber der gesetzlichen Vergütung eines Rechtsanwalts aufgrund einer Vereinbarung über die Vergütung (§ 27 Abs. 2 Nr. 4, Abs. 3 Nr. 6) handelt.

-

§ 17 Anteil bei Aufhebung der Gemeinschaft

Im Falle der Aufhebung der Gemeinschaft bestimmt sich der Anteil der Miteigentümer nach dem Verhältnis des Wertes ihrer Wohnungseigentumsrechte zur Zeit der Aufhebung der Gemeinschaft. Hat sich der Wert eines Miteigentumsanteils durch Maßnahmen verändert, deren Kosten der Wohnungseigentümer nicht getragen hat, so bleibt eine solche Veränderung bei der Berechnung des Wertes dieses Anteils außer Betracht.

-

§ 18 Entziehung des Wohnungseigentums

(1) Hat ein Wohnungseigentümer sich einer so schweren Verletzung der ihm gegenüber anderen Wohnungseigentümern obliegenden Verpflichtungen schuldig gemacht, daß diesen die Fortsetzung der Gemeinschaft mit ihm nicht mehr zugemutet werden kann, so können die anderen Wohnungseigentümer von ihm die Veräußerung seines Wohnungseigentums verlangen. Die Ausübung des Entziehungsrechts steht der Gemeinschaft der Wohnungseigentümer zu, soweit es sich nicht um eine Gemeinschaft handelt, die nur aus zwei Wohnungseigentümern besteht.

(2) Die Voraussetzungen des Absatzes 1 liegen insbesondere vor, wenn

1.

  der Wohnungseigentümer trotz Abmahnung wiederholt gröblich gegen die ihm nach § 14 obliegenden Pflichten verstößt;

2.

  der Wohnungseigentümer sich mit der Erfüllung seiner Verpflichtungen zur Lasten- und Kostentragung (§ 16 Abs. 2) in Höhe eines Betrags, der drei vom Hundert des Einheitswerts seines Wohnungseigentums übersteigt, länger als drei Monate in Verzug befindet; in diesem Fall steht § 30 der Abgabenordnung einer Mitteilung des Einheitswerts an die Gemeinschaft der Wohnungseigentümer oder, soweit die Gemeinschaft nur aus zwei Wohnungseigentümern besteht, an den anderen Wohnungseigentümer nicht entgegen.

(3) Über das Verlangen nach Absatz 1 beschließen die Wohnungseigentümer durch Stimmenmehrheit. Der Beschluß bedarf einer Mehrheit von mehr als der Hälfte der stimmberechtigten Wohnungseigentümer. Die Vorschriften des § 25 Abs. 3, 4 sind in diesem Fall nicht anzuwenden.

(4) Der in Absatz 1 bestimmte Anspruch kann durch Vereinbarung der Wohnungseigentümer nicht eingeschränkt oder ausgeschlossen werden.

-

§ 19 Wirkung des Urteils

(1) Das Urteil, durch das ein Wohnungseigentümer zur Veräußerung seines Wohnungseigentums verurteilt wird, berechtigt jeden Miteigentümer zur Zwangsvollstreckung entsprechend den Vorschriften des Ersten Abschnitts des Gesetzes über die Zwangsversteigerung und die Zwangsverwaltung. Die Ausübung dieses Rechts steht der Gemeinschaft der Wohnungseigentümer zu, soweit es sich nicht um eine Gemeinschaft handelt, die nur aus zwei

Wohnungseigentümern besteht.

(2) Der Wohnungseigentümer kann im Falle des § 18 Abs. 2 Nr. 2 bis zur Erteilung des Zuschlags die in Absatz 1 bezeichnete Wirkung des Urteils dadurch abwenden, daß er die Verpflichtungen, wegen deren Nichterfüllung er verurteilt ist, einschließlich der Verpflichtung zum Ersatz der durch den Rechtsstreit und das Versteigerungsverfahren entstandenen Kosten sowie die fälligen weiteren Verpflichtungen zur Lasten- und Kostentragung erfüllt.

(3) Ein gerichtlicher oder vor einer Gütestelle geschlossener Vergleich, durch den sich der Wohnungseigentümer zur Veräußerung seines Wohnungseigentums verpflichtet, steht dem in Absatz 1 bezeichneten Urteil gleich.

3. Abschnitt
Verwaltung

-

§ 20 Gliederung der Verwaltung

(1) Die Verwaltung des gemeinschaftlichen Eigentums obliegt den Wohnungseigentümern nach Maßgabe der §§ 21 bis 25 und dem Verwalter nach Maßgabe der §§ 26 bis 28, im Falle der Bestellung eines Verwaltungsbeirats auch diesem nach Maßgabe des § 29.

(2) Die Bestellung eines Verwalters kann nicht ausgeschlossen werden.

-

§ 21 Verwaltung durch die Wohnungseigentümer

(1) Soweit nicht in diesem Gesetz oder durch Vereinbarung der Wohnungseigentümer etwas anderes bestimmt ist, steht die Verwaltung des gemeinschaftlichen Eigentums den Wohnungseigentümern gemeinschaftlich zu.

(2) Jeder Wohnungseigentümer ist berechtigt, ohne Zustimmung der anderen Wohnungseigentümer die Maßnahmen zu treffen, die zur Abwendung eines dem gemeinschaftlichen Eigentum unmittelbar drohenden Schadens notwendig sind.

(3) Soweit die Verwaltung des gemeinschaftlichen Eigentums nicht durch Vereinbarung der Wohnungseigentümer geregelt ist, können die Wohnungseigentümer eine der Beschaffenheit des gemeinschaftlichen Eigentums entsprechende ordnungsmäßige Verwaltung durch Stimmenmehrheit beschließen.

(4) Jeder Wohnungseigentümer kann eine Verwaltung verlangen, die den Vereinbarungen und Beschlüssen und, soweit solche nicht bestehen, dem Interesse der Gesamtheit der Wohnungseigentümer nach billigem Ermessen entspricht.

(5) Zu einer ordnungsmäßigen, dem Interesse der Gesamtheit der Wohnungseigentümer entsprechenden Verwaltung gehört insbesondere:

1.
   die Aufstellung einer Hausordnung;
2.
   die ordnungsmäßige Instandhaltung und Instandsetzung des gemeinschaftlichen Eigentums;
3.
   die Feuerversicherung des gemeinschaftlichen Eigentums zum Neuwert sowie die angemessene Versicherung der Wohnungseigentümer gegen Haus- und Grundbesitzerhaftpflicht;
4.
   die Ansammlung einer angemessenen Instandhaltungsrückstellung;
5.
   die Aufstellung eines Wirtschaftsplans (§ 28);
6.
   die Duldung aller Maßnahmen, die zur Herstellung einer Fernsprechteilnehmereinrichtung,

einer Rundfunkempfangsanlage oder eines Energieversorgungsanschlusses zugunsten eines Wohnungseigentümers erforderlich sind.

(6) Der Wohnungseigentümer, zu dessen Gunsten eine Maßnahme der in Absatz 5 Nr. 6 bezeichneten Art getroffen wird, ist zum Ersatz des hierdurch entstehenden Schadens verpflichtet.

(7) Die Wohnungseigentümer können die Regelung der Art und Weise von Zahlungen, der Fälligkeit und der Folgen des Verzugs sowie der Kosten für eine besondere Nutzung des gemeinschaftlichen Eigentums oder für einen besonderen Verwaltungsaufwand mit Stimmenmehrheit beschließen.

(8) Treffen die Wohnungseigentümer eine nach dem Gesetz erforderliche Maßnahme nicht, so kann an ihrer Stelle das Gericht in einem Rechtsstreit gemäß § 43 nach billigem Ermessen entscheiden, soweit sich die Maßnahme nicht aus dem Gesetz, einer Vereinbarung oder einem Beschluss der Wohnungseigentümer ergibt.

-

§ 22 Besondere Aufwendungen, Wiederaufbau

(1) Bauliche Veränderungen und Aufwendungen, die über die ordnungsmäßige Instandhaltung oder Instandsetzung des gemeinschaftlichen Eigentums hinausgehen, können beschlossen oder verlangt werden, wenn jeder Wohnungseigentümer zustimmt, dessen Rechte durch die Maßnahmen über das in § 14 Nr. 1 bestimmte Maß hinaus beeinträchtigt werden. Die Zustimmung ist nicht erforderlich, soweit die Rechte eines Wohnungseigentümers nicht in der in Satz 1 bezeichneten Weise beeinträchtigt werden.

(2) Maßnahmen gemäß Absatz 1 Satz 1, die der Modernisierung entsprechend § 555b Nummer 1 bis 5 des Bürgerlichen Gesetzbuches oder der Anpassung des gemeinschaftlichen Eigentums an den Stand der Technik dienen, die Eigenart der Wohnanlage nicht ändern und keinen Wohnungseigentümer gegenüber anderen unbillig beeinträchtigen, können abweichend von Absatz 1 durch eine Mehrheit von drei Viertel aller stimmberechtigten Wohnungseigentümer im Sinne des § 25 Abs. 2 und mehr als der Hälfte aller Miteigentumsanteile beschlossen werden. Die Befugnis im Sinne des Satzes 1 kann durch Vereinbarung der Wohnungseigentümer nicht eingeschränkt oder ausgeschlossen werden.

(3) Für Maßnahmen der modernisierenden Instandsetzung im Sinne des § 21 Abs. 5 Nr. 2 verbleibt es bei den Vorschriften des § 21 Abs. 3 und 4.

(4) Ist das Gebäude zu mehr als der Hälfte seines Wertes zerstört und ist der Schaden nicht durch eine Versicherung oder in anderer Weise gedeckt, so kann der Wiederaufbau nicht gemäß § 21 Abs. 3 beschlossen oder gemäß § 21 Abs. 4 verlangt werden.

-

§ 23 Wohnungseigentümerversammlung

(1) Angelegenheiten, über die nach diesem Gesetz oder nach einer Vereinbarung der Wohnungseigentümer die Wohnungseigentümer durch Beschluß entscheiden können, werden durch Beschlußfassung in einer Versammlung der Wohnungseigentümer geordnet.

(2) Zur Gültigkeit eines Beschlusses ist erforderlich, daß der Gegenstand bei der Einberufung bezeichnet ist.

(3) Auch ohne Versammlung ist ein Beschluß gültig, wenn alle Wohnungseigentümer ihre Zustimmung zu diesem Beschluß schriftlich erklären.

(4) Ein Beschluss, der gegen eine Rechtsvorschrift verstößt, auf deren Einhaltung rechtswirksam nicht verzichtet werden kann, ist nichtig. Im Übrigen ist ein Beschluss gültig, solange er nicht durch rechtskräftiges Urteil für ungültig erklärt ist.

-

§ 24 Einberufung, Vorsitz, Niederschrift

(1) Die Versammlung der Wohnungseigentümer wird von dem Verwalter mindestens einmal im Jahr einberufen.

(2) Die Versammlung der Wohnungseigentümer muß von dem Verwalter in den durch Vereinbarung der Wohnungseigentümer bestimmten Fällen, im übrigen dann einberufen werden, wenn dies schriftlich unter Angabe des Zweckes und der Gründe von mehr als einem Viertel der Wohnungseigentümer verlangt wird.

(3) Fehlt ein Verwalter oder weigert er sich pflichtwidrig, die Versammlung der Wohnungseigentümer einzuberufen, so kann die Versammlung auch, falls ein Verwaltungsbeirat bestellt ist, von dessen Vorsitzenden oder seinem Vertreter einberufen werden.

(4) Die Einberufung erfolgt in Textform. Die Frist der Einberufung soll, sofern nicht ein Fall besonderer Dringlichkeit vorliegt, mindestens zwei Wochen betragen.

(5) Den Vorsitz in der Wohnungseigentümerversammlung führt, sofern diese nichts anderes beschließt, der Verwalter.

(6) Über die in der Versammlung gefaßten Beschlüsse ist eine Niederschrift aufzunehmen. Die Niederschrift ist von dem Vorsitzenden und einem Wohnungseigentümer und, falls ein Verwaltungsbeirat bestellt ist, auch von dessen Vorsitzenden oder seinem Vertreter zu unterschreiben. Jeder Wohnungseigentümer ist berechtigt, die Niederschriften einzusehen.

(7) Es ist eine Beschluss-Sammlung zu führen. Die Beschluss-Sammlung enthält nur den Wortlaut

1.
   der in der Versammlung der Wohnungseigentümer verkündeten Beschlüsse mit Angabe von Ort und Datum der Versammlung,

2.
   der schriftlichen Beschlüsse mit Angabe von Ort und Datum der Verkündung und

3.
   der Urteilsformeln der gerichtlichen Entscheidungen in einem Rechtsstreit gemäß § 43 mit Angabe ihres Datums, des Gerichts und der Parteien,

soweit diese Beschlüsse und gerichtlichen Entscheidungen nach dem 1. Juli 2007 ergangen sind. Die Beschlüsse und gerichtlichen Entscheidungen sind fortlaufend einzutragen und zu nummerieren. Sind sie angefochten oder aufgehoben worden, so ist dies anzumerken. Im Falle einer Aufhebung kann von einer Anmerkung abgesehen und die Eintragung gelöscht werden. Eine Eintragung kann auch gelöscht werden, wenn sie aus einem anderen Grund für die Wohnungseigentümer keine Bedeutung mehr hat. Die Eintragungen, Vermerke und Löschungen gemäß den Sätzen 3 bis 6 sind unverzüglich zu erledigen und mit Datum zu versehen. Einem Wohnungseigentümer oder einem Dritten, den ein Wohnungseigentümer ermächtigt hat, ist auf sein Verlangen Einsicht in die Beschluss-Sammlung zu geben.

(8) Die Beschluss-Sammlung ist von dem Verwalter zu führen. Fehlt ein Verwalter, so ist der Vorsitzende der Wohnungseigentümerversammlung verpflichtet, die Beschluss-Sammlung zu führen, sofern die Wohnungseigentümer durch Stimmenmehrheit keinen anderen für diese Aufgabe bestellt haben.

-

§ 25 Mehrheitsbeschluß

(1) Für die Beschlußfassung in Angelegenheiten, über die die Wohnungseigentümer durch Stimmenmehrheit beschließen, gelten die Vorschriften der Absätze 2 bis 5.

(2) Jeder Wohnungseigentümer hat eine Stimme. Steht ein Wohnungseigentum mehreren gemeinschaftlich zu, so können sie das Stimmrecht nur einheitlich ausüben.

(3) Die Versammlung ist nur beschlußfähig, wenn die erschienenen stimmberechtigten Wohnungseigentümer mehr als die Hälfte der Miteigentumsanteile, berechnet nach der im Grundbuch eingetragenen Größe dieser Anteile, vertreten.

(4) Ist eine Versammlung nicht gemäß Absatz 3 beschlußfähig, so beruft der Verwalter eine neue Versammlung mit dem gleichen Gegenstand ein. Diese Versammlung ist ohne Rücksicht auf die

Höhe der vertretenen Anteile beschlußfähig; hierauf ist bei der Einberufung hinzuweisen.
(5) Ein Wohnungseigentümer ist nicht stimmberechtigt, wenn die Beschlußfassung die Vornahme eines auf die Verwaltung des gemeinschaftlichen Eigentums bezüglichen Rechtsgeschäfts mit ihm oder die Einleitung oder Erledigung eines Rechtsstreits der anderen Wohnungseigentümer gegen ihn betrifft oder wenn er nach § 18 rechtskräftig verurteilt ist.
-

§ 26 Bestellung und Abberufung des Verwalters

(1) Über die Bestellung und Abberufung des Verwalters beschließen die Wohnungseigentümer mit Stimmenmehrheit. Die Bestellung darf auf höchstens fünf Jahre vorgenommen werden, im Falle der ersten Bestellung nach der Begründung von Wohnungseigentum aber auf höchstens drei Jahre. Die Abberufung des Verwalters kann auf das Vorliegen eines wichtigen Grundes beschränkt werden. Ein wichtiger Grund liegt regelmäßig vor, wenn der Verwalter die Beschluss-Sammlung nicht ordnungsmäßig führt. Andere Beschränkungen der Bestellung oder Abberufung des Verwalters sind nicht zulässig.
(2) Die wiederholte Bestellung ist zulässig; sie bedarf eines erneuten Beschlusses der Wohnungseigentümer, der frühestens ein Jahr vor Ablauf der Bestellungszeit gefaßt werden kann.
(3) Soweit die Verwaltereigenschaft durch eine öffentlich beglaubigte Urkunde nachgewiesen werden muß, genügt die Vorlage einer Niederschrift über den Bestellungsbeschluß, bei der die Unterschriften der in § 24 Abs. 6 bezeichneten Personen öffentlich beglaubigt sind.
-

§ 27 Aufgaben und Befugnisse des Verwalters

(1) Der Verwalter ist gegenüber den Wohnungseigentümern und gegenüber der Gemeinschaft der Wohnungseigentümer berechtigt und verpflichtet,

1.
  Beschlüsse der Wohnungseigentümer durchzuführen und für die Durchführung der Hausordnung zu sorgen;
2.
  die für die ordnungsmäßige Instandhaltung und Instandsetzung des gemeinschaftlichen Eigentums erforderlichen Maßnahmen zu treffen;
3.
  in dringenden Fällen sonstige zur Erhaltung des gemeinschaftlichen Eigentums erforderliche Maßnahmen zu treffen;
4.
  Lasten- und Kostenbeiträge, Tilgungsbeträge und Hypothekenzinsen anzufordern, in Empfang zu nehmen und abzuführen, soweit es sich um gemeinschaftliche Angelegenheiten der Wohnungseigentümer handelt;
5.
  alle Zahlungen und Leistungen zu bewirken und entgegenzunehmen, die mit der laufenden Verwaltung des gemeinschaftlichen Eigentums zusammenhängen;
6.
  eingenommene Gelder zu verwalten;
7.
  die Wohnungseigentümer unverzüglich darüber zu unterrichten, dass ein Rechtsstreit gemäß § 43 anhängig ist;
8.
  die Erklärungen abzugeben, die zur Vornahme der in § 21 Abs. 5 Nr. 6 bezeichneten Maßnahmen erforderlich sind.
(2) Der Verwalter ist berechtigt, im Namen aller Wohnungseigentümer und mit Wirkung für und gegen sie

1.

Willenserklärungen und Zustellungen entgegenzunehmen, soweit sie an alle Wohnungseigentümer in dieser Eigenschaft gerichtet sind;

2.

Maßnahmen zu treffen, die zur Wahrung einer Frist oder zur Abwendung eines sonstigen Rechtsnachteils erforderlich sind, insbesondere einen gegen die Wohnungseigentümer gerichteten Rechtsstreit gemäß § 43 Nr. 1, Nr. 4 oder Nr. 5 im Erkenntnis- und Vollstreckungsverfahren zu führen;

3.

Ansprüche gerichtlich und außergerichtlich geltend zu machen, sofern er hierzu durch Vereinbarung oder Beschluss mit Stimmenmehrheit der Wohnungseigentümer ermächtigt ist;

4.

mit einem Rechtsanwalt wegen eines Rechtsstreits gemäß § 43 Nr. 1, Nr. 4 oder Nr. 5 zu vereinbaren, dass sich die Gebühren nach einem höheren als dem gesetzlichen Streitwert, höchstens nach einem gemäß § 49a Abs. 1 Satz 1 des Gerichtskostengesetzes bestimmten Streitwert bemessen.

(3) Der Verwalter ist berechtigt, im Namen der Gemeinschaft der Wohnungseigentümer und mit Wirkung für und gegen sie

1.

Willenserklärungen und Zustellungen entgegenzunehmen;

2.

Maßnahmen zu treffen, die zur Wahrung einer Frist oder zur Abwendung eines sonstigen Rechtsnachteils erforderlich sind, insbesondere einen gegen die Gemeinschaft gerichteten Rechtsstreit gemäß § 43 Nr. 2 oder Nr. 5 im Erkenntnis- und Vollstreckungsverfahren zu führen;

3.

die laufenden Maßnahmen der erforderlichen ordnungsmäßigen Instandhaltung und Instandsetzung gemäß Absatz 1 Nr. 2 zu treffen;

4.

die Maßnahmen gemäß Absatz 1 Nr. 3 bis 5 und 8 zu treffen;

5.

im Rahmen der Verwaltung der eingenommenen Gelder gemäß Absatz 1 Nr. 6 Konten zu führen;

6.

mit einem Rechtsanwalt wegen eines Rechtsstreits gemäß § 43 Nr. 2 oder Nr. 5 eine Vergütung gemäß Absatz 2 Nr. 4 zu vereinbaren;

7.

sonstige Rechtsgeschäfte und Rechtshandlungen vorzunehmen, soweit er hierzu durch Vereinbarung oder Beschluss der Wohnungseigentümer mit Stimmenmehrheit ermächtigt ist. Fehlt ein Verwalter oder ist er zur Vertretung nicht berechtigt, so vertreten alle Wohnungseigentümer die Gemeinschaft. Die Wohnungseigentümer können durch Beschluss mit Stimmenmehrheit einen oder mehrere Wohnungseigentümer zur Vertretung ermächtigen.

(4) Die dem Verwalter nach den Absätzen 1 bis 3 zustehenden Aufgaben und Befugnisse können durch Vereinbarung der Wohnungseigentümer nicht eingeschränkt oder ausgeschlossen werden.

(5) Der Verwalter ist verpflichtet, eingenommene Gelder von seinem Vermögen gesondert zu halten. Die Verfügung über solche Gelder kann durch Vereinbarung oder Beschluss der Wohnungseigentümer mit Stimmenmehrheit von der Zustimmung eines Wohnungseigentümers oder eines Dritten abhängig gemacht werden.

(6) Der Verwalter kann von den Wohnungseigentümern die Ausstellung einer Vollmachts- und Ermächtigungsurkunde verlangen, aus der der Umfang seiner Vertretungsmacht ersichtlich ist.

-

§ 28 Wirtschaftsplan, Rechnungslegung

(1) Der Verwalter hat jeweils für ein Kalenderjahr einen Wirtschaftsplan aufzustellen. Der Wirtschaftsplan enthält:

1.
   die voraussichtlichen Einnahmen und Ausgaben bei der Verwaltung des gemeinschaftlichen Eigentums;

2.
   die anteilmäßige Verpflichtung der Wohnungseigentümer zur Lasten- und Kostentragung;

3.
   die Beitragsleistung der Wohnungseigentümer zu der in § 21 Abs. 5 Nr. 4 vorgesehenen Instandhaltungsrückstellung.

(2) Die Wohnungseigentümer sind verpflichtet, nach Abruf durch den Verwalter dem beschlossenen Wirtschaftsplan entsprechende Vorschüsse zu leisten.

(3) Der Verwalter hat nach Ablauf des Kalenderjahrs eine Abrechnung aufzustellen.

(4) Die Wohnungseigentümer können durch Mehrheitsbeschluß jederzeit von dem Verwalter Rechnungslegung verlangen.

(5) Über den Wirtschaftsplan, die Abrechnung und die Rechnungslegung des Verwalters beschließen die Wohnungseigentümer durch Stimmenmehrheit.

-

§ 29 Verwaltungsbeirat

(1) Die Wohnungseigentümer können durch Stimmenmehrheit die Bestellung eines Verwaltungsbeirats beschließen. Der Verwaltungsbeirat besteht aus einem Wohnungseigentümer als Vorsitzenden und zwei weiteren Wohnungseigentümern als Beisitzern.

(2) Der Verwaltungsbeirat unterstützt den Verwalter bei der Durchführung seiner Aufgaben.

(3) Der Wirtschaftsplan, die Abrechnung über den Wirtschaftsplan, Rechnungslegungen und Kostenanschläge sollen, bevor über sie die Wohnungseigentümerversammlung beschließt, vom Verwaltungsbeirat geprüft und mit dessen Stellungnahme versehen werden.

(4) Der Verwaltungsbeirat wird von dem Vorsitzenden nach Bedarf einberufen.

4. Abschnitt
Wohnungserbbaurecht

-

§ 30

(1) Steht ein Erbbaurecht mehreren gemeinschaftlich nach Bruchteilen zu, so können die Anteile in der Weise beschränkt werden, daß jedem der Mitberechtigten das Sondereigentum an einer bestimmten Wohnung oder an nicht zu Wohnzwecken dienenden bestimmten Räumen in einem auf Grund des Erbbaurechts errichteten oder zu errichtenden Gebäude eingeräumt wird (Wohnungserbbaurecht, Teilerbbaurecht).

(2) Ein Erbbauberechtigter kann das Erbbaurecht in entsprechender Anwendung des § 8 teilen.

(3) Für jeden Anteil wird von Amts wegen ein besonderes Erbbaugrundbuchblatt angelegt (Wohnungserbbaugrundbuch, Teilerbbaugrundbuch). Im übrigen gelten für das Wohnungserbbaurecht (Teilerbbaurecht) die Vorschriften über das Wohnungseigentum (Teileigentum) entsprechend.

II. Teil
Dauerwohnrecht

-

§ 31 Begriffsbestimmungen

(1) Ein Grundstück kann in der Weise belastet werden, daß derjenige, zu dessen Gunsten die Belastung erfolgt, berechtigt ist, unter Ausschluß des Eigentümers eine bestimmte Wohnung in einem auf dem Grundstück errichteten oder zu errichtenden Gebäude zu bewohnen oder in anderer Weise zu nutzen (Dauerwohnrecht). Das Dauerwohnrecht kann auf einen außerhalb des Gebäudes liegenden Teil des Grundstücks erstreckt werden, sofern die Wohnung wirtschaftlich die Hauptsache bleibt.
(2) Ein Grundstück kann in der Weise belastet werden, daß derjenige, zu dessen Gunsten die Belastung erfolgt, berechtigt ist, unter Ausschluß des Eigentümers nicht zu Wohnzwecken dienende bestimmte Räume in einem auf dem Grundstück errichteten oder zu errichtenden Gebäude zu nutzen (Dauernutzungsrecht).
(3) Für das Dauernutzungsrecht gelten die Vorschriften über das Dauerwohnrecht entsprechend.

‒

§ 32 Voraussetzungen der Eintragung

(1) Das Dauerwohnrecht soll nur bestellt werden, wenn die Wohnung in sich abgeschlossen ist.
(2) Zur näheren Bezeichnung des Gegenstands und des Inhalts des Dauerwohnrechts kann auf die Eintragungsbewilligung Bezug genommen werden. Der Eintragungsbewilligung sind als Anlagen beizufügen:
1.
    eine von der Baubehörde mit Unterschrift und Siegel oder Stempel versehene Bauzeichnung, aus der die Aufteilung des Gebäudes sowie die Lage und Größe der dem Dauerwohnrecht unterliegenden Gebäude- und Grundstücksteile ersichtlich ist (Aufteilungsplan); alle zu demselben Dauerwohnrecht gehörenden Einzelräume sind mit der jeweils gleichen Nummer zu kennzeichnen;
2.
    eine Bescheinigung der Baubehörde, daß die Voraussetzungen des Absatzes 1 vorliegen. Wenn in der Eintragungsbewilligung für die einzelnen Dauerwohnrechte Nummern angegeben werden, sollen sie mit denen des Aufteilungsplans übereinstimmen. Die Landesregierungen können durch Rechtsverordnung bestimmen, dass und in welchen Fällen der Aufteilungsplan (Satz 2 Nr. 1) und die Abgeschlossenheit (Satz 2 Nr. 2) von einem öffentlich bestellten oder anerkannten Sachverständigen für das Bauwesen statt von der Baubehörde ausgefertigt und bescheinigt werden. Werden diese Aufgaben von dem Sachverständigen wahrgenommen, so gelten die Bestimmungen der Allgemeinen Verwaltungsvorschrift für die Ausstellung von Bescheinigungen gemäß § 7 Abs. 4 Nr. 2 und § 32 Abs. 2 Nr. 2 des Wohnungseigentumsgesetzes vom 19. März 1974 (BAnz. Nr. 58 vom 23. März 1974) entsprechend. In diesem Fall bedürfen die Anlagen nicht der Form des § 29 der Grundbuchordnung. Die Landesregierungen können die Ermächtigung durch Rechtsverordnung auf die Landesbauverwaltungen übertragen.
(3) Das Grundbuchamt soll die Eintragung des Dauerwohnrechts ablehnen, wenn über die in § 33 Abs. 4 Nr. 1 bis 4 bezeichneten Angelegenheiten, über die Voraussetzungen des Heimfallanspruchs (§ 36 Abs. 1) und über die Entschädigung beim Heimfall (§ 36 Abs. 4) keine Vereinbarungen getroffen sind.

‒

§ 33 Inhalt des Dauerwohnrechts

(1) Das Dauerwohnrecht ist veräußerlich und vererblich. Es kann nicht unter einer Bedingung bestellt werden.
(2) Auf das Dauerwohnrecht sind, soweit nicht etwas anderes vereinbart ist, die Vorschriften des § 14 entsprechend anzuwenden.
(3) Der Berechtigte kann die zum gemeinschaftlichen Gebrauch bestimmten Teile, Anlagen und Einrichtungen des Gebäudes und Grundstücks mitbenutzen, soweit nichts anderes vereinbart ist.

(4) Als Inhalt des Dauerwohnrechts können Vereinbarungen getroffen werden über:

1.
    Art und Umfang der Nutzungen;
2.
    Instandhaltung und Instandsetzung der dem Dauerwohnrecht unterliegenden Gebäudeteile;
3.
    die Pflicht des Berechtigten zur Tragung öffentlicher oder privatrechtlicher Lasten des Grundstücks;
4.
    die Versicherung des Gebäudes und seinen Wiederaufbau im Falle der Zerstörung;
5.
    das Recht des Eigentümers, bei Vorliegen bestimmter Voraussetzungen Sicherheitsleistung zu verlangen.
-

§ 34 Ansprüche des Eigentümers und der Dauerwohnberechtigten

(1) Auf die Ersatzansprüche des Eigentümers wegen Veränderungen oder Verschlechterungen sowie auf die Ansprüche der Dauerwohnberechtigten auf Ersatz von Verwendungen oder auf Gestattung der Wegnahme einer Einrichtung sind die §§ 1049, 1057 des Bürgerlichen Gesetzbuchs entsprechend anzuwenden.
(2) Wird das Dauerwohnrecht beeinträchtigt, so sind auf die Ansprüche des Berechtigten die für die Ansprüche aus dem Eigentum geltenden Vorschriften entsprechend anzuwenden.
-

§ 35 Veräußerungsbeschränkung

Als Inhalt des Dauerwohnrechts kann vereinbart werden, daß der Berechtigte zur Veräußerung des Dauerwohnrechts der Zustimmung des Eigentümers oder eines Dritten bedarf. Die Vorschriften des § 12 gelten in diesem Fall entsprechend.
-

§ 36 Heimfallanspruch

(1) Als Inhalt des Dauerwohnrechts kann vereinbart werden, daß der Berechtigte verpflichtet ist, das Dauerwohnrecht beim Eintritt bestimmter Voraussetzungen auf den Grundstückseigentümer oder einen von diesem zu bezeichnenden Dritten zu übertragen (Heimfallanspruch). Der Heimfallanspruch kann nicht von dem Eigentum an dem Grundstück getrennt werden.
(2) Bezieht sich das Dauerwohnrecht auf Räume, die dem Mieterschutz unterliegen, so kann der Eigentümer von dem Heimfallanspruch nur Gebrauch machen, wenn ein Grund vorliegt, aus dem ein Vermieter die Aufhebung des Mietverhältnisses verlangen oder kündigen kann.
(3) Der Heimfallanspruch verjährt in sechs Monaten von dem Zeitpunkt an, in dem der Eigentümer von dem Eintritt der Voraussetzungen Kenntnis erlangt, ohne Rücksicht auf diese Kenntnis in zwei Jahren von dem Eintritt der Voraussetzungen an.
(4) Als Inhalt des Dauerwohnrechts kann vereinbart werden, daß der Eigentümer dem Berechtigten eine Entschädigung zu gewähren hat, wenn er von dem Heimfallanspruch Gebrauch macht. Als Inhalt des Dauerwohnrechts können Vereinbarungen über die Berechnung oder Höhe der Entschädigung oder die Art ihrer Zahlung getroffen werden.
-

§ 37 Vermietung

(1) Hat der Dauerwohnberechtigte die dem Dauerwohnrecht unterliegenden Gebäude- oder Grundstücksteile vermietet oder verpachtet, so erlischt das Miet- oder Pachtverhältnis, wenn das Dauerwohnrecht erlischt.

(2) Macht der Eigentümer von seinem Heimfallanspruch Gebrauch, so tritt er oder derjenige, auf den das Dauerwohnrecht zu übertragen ist, in das Miet- oder Pachtverhältnis ein; die Vorschriften der §§ 566 bis 566e des Bürgerlichen Gesetzbuchs gelten entsprechend.

(3) Absatz 2 gilt entsprechend, wenn das Dauerwohnrecht veräußert wird. Wird das Dauerwohnrecht im Wege der Zwangsvollstreckung veräußert, so steht dem Erwerber ein Kündigungsrecht in entsprechender Anwendung des § 57a des Gesetzes über die Zwangsversteigerung und die Zwangsverwaltung zu.

-

§ 38 Eintritt in das Rechtsverhältnis

(1) Wird das Dauerwohnrecht veräußert, so tritt der Erwerber an Stelle des Veräußerers in die sich während der Dauer seiner Berechtigung aus dem Rechtsverhältnis zu dem Eigentümer ergebenden Verpflichtungen ein.

(2) Wird das Grundstück veräußert, so tritt der Erwerber an Stelle des Veräußerers in die sich während der Dauer seines Eigentums aus dem Rechtsverhältnis zu dem Dauerwohnberechtigten ergebenden Rechte ein. Das gleiche gilt für den Erwerb auf Grund Zuschlages in der Zwangsversteigerung, wenn das Dauerwohnrecht durch den Zuschlag nicht erlischt.

-

§ 39 Zwangsversteigerung

(1) Als Inhalt des Dauerwohnrechts kann vereinbart werden, daß das Dauerwohnrecht im Falle der Zwangsversteigerung des Grundstücks abweichend von § 44 des Gesetzes über die Zwangsversteigerung und die Zwangsverwaltung auch dann bestehen bleiben soll, wenn der Gläubiger einer dem Dauerwohnrecht im Range vorgehenden oder gleichstehenden Hypothek, Grundschuld, Rentenschuld oder Reallast die Zwangsversteigerung in das Grundstück betreibt.

(2) Eine Vereinbarung gemäß Absatz 1 bedarf zu ihrer Wirksamkeit der Zustimmung derjenigen, denen eine dem Dauerwohnrecht im Range vorgehende oder gleichstehende Hypothek, Grundschuld, Rentenschuld oder Reallast zusteht.

(3) Eine Vereinbarung gemäß Absatz 1 ist nur wirksam für den Fall, daß der Dauerwohnberechtigte im Zeitpunkt der Feststellung der Versteigerungsbedingungen seine fälligen Zahlungsverpflichtungen gegenüber dem Eigentümer erfüllt hat; in Ergänzung einer Vereinbarung nach Absatz 1 kann vereinbart werden, daß das Fortbestehen des Dauerwohnrechts vom Vorliegen weiterer Voraussetzungen abhängig ist.

-

§ 40 Haftung des Entgelts

(1) Hypotheken, Grundschulden, Rentenschulden und Reallasten, die dem Dauerwohnrecht im Range vorgehen oder gleichstehen, sowie öffentliche Lasten, die in wiederkehrenden Leistungen bestehen, erstrecken sich auf den Anspruch auf das Entgelt für das Dauerwohnrecht in gleicher Weise wie auf eine Mietforderung, soweit nicht in Absatz 2 etwas Abweichendes bestimmt ist. Im übrigen sind die für Mietforderungen geltenden Vorschriften nicht entsprechend anzuwenden.

(2) Als Inhalt des Dauerwohnrechts kann vereinbart werden, daß Verfügungen über den Anspruch auf das Entgelt, wenn es in wiederkehrenden Leistungen ausbedungen ist, gegenüber dem Gläubiger einer dem Dauerwohnrecht im Range vorgehenden oder gleichstehenden Hypothek, Grundschuld, Rentenschuld oder Reallast wirksam sind. Für eine solche Vereinbarung gilt § 39 Abs. 2 entsprechend.

§ 41 Besondere Vorschriften für langfristige Dauerwohnrechte

(1) Für Dauerwohnrechte, die zeitlich unbegrenzt oder für einen Zeitraum von mehr als zehn Jahren eingeräumt sind, gelten die besonderen Vorschriften der Absätze 2 und 3.

(2) Der Eigentümer ist, sofern nicht etwas anderes vereinbart ist, dem Dauerwohnberechtigten gegenüber verpflichtet, eine dem Dauerwohnrecht im Range vorgehende oder gleichstehende Hypothek löschen zu lassen für den Fall, daß sie sich mit dem Eigentum in einer Person vereinigt, und die Eintragung einer entsprechenden Löschungsvormerkung in das Grundbuch zu bewilligen.

(3) Der Eigentümer ist verpflichtet, dem Dauerwohnberechtigten eine angemessene Entschädigung zu gewähren, wenn er von dem Heimfallanspruch Gebrauch macht.

§ 42 Belastung eines Erbbaurechts

(1) Die Vorschriften der §§ 31 bis 41 gelten für die Belastung eines Erbbaurechts mit einem Dauerwohnrecht entsprechend.

(2) Beim Heimfall des Erbbaurechts bleibt das Dauerwohnrecht bestehen.

III. Teil
Verfahrensvorschriften

§ 43 Zuständigkeit

Das Gericht, in dessen Bezirk das Grundstück liegt, ist ausschließlich zuständig für

1.
Streitigkeiten über die sich aus der Gemeinschaft der Wohnungseigentümer und aus der Verwaltung des gemeinschaftlichen Eigentums ergebenden Rechte und Pflichten der Wohnungseigentümer untereinander;

2.
Streitigkeiten über die Rechte und Pflichten zwischen der Gemeinschaft der Wohnungseigentümer und Wohnungseigentümern;

3.
Streitigkeiten über die Rechte und Pflichten des Verwalters bei der Verwaltung des gemeinschaftlichen Eigentums;

4.
Streitigkeiten über die Gültigkeit von Beschlüssen der Wohnungseigentümer;

5.
Klagen Dritter, die sich gegen die Gemeinschaft der Wohnungseigentümer oder gegen Wohnungseigentümer richten und sich auf das gemeinschaftliche Eigentum, seine Verwaltung oder das Sondereigentum beziehen;

6.
Mahnverfahren, wenn die Gemeinschaft der Wohnungseigentümer Antragstellerin ist. Insoweit ist § 689 Abs. 2 der Zivilprozessordnung nicht anzuwenden.

§ 44 Bezeichnung der Wohnungseigentümer in der Klageschrift

(1) Wird die Klage durch oder gegen alle Wohnungseigentümer mit Ausnahme des Gegners erhoben, so genügt für ihre nähere Bezeichnung in der Klageschrift die bestimmte Angabe des

gemeinschaftlichen Grundstücks; wenn die Wohnungseigentümer Beklagte sind, sind in der Klageschrift außerdem der Verwalter und der gemäß § 45 Abs. 2 Satz 1 bestellte Ersatzzustellungsvertreter zu bezeichnen. Die namentliche Bezeichnung der Wohnungseigentümer hat spätestens bis zum Schluss der mündlichen Verhandlung zu erfolgen. (2) Sind an dem Rechtsstreit nicht alle Wohnungseigentümer als Partei beteiligt, so sind die übrigen Wohnungseigentümer entsprechend Absatz 1 von dem Kläger zu bezeichnen. Der namentlichen Bezeichnung der übrigen Wohnungseigentümer bedarf es nicht, wenn das Gericht von ihrer Beiladung gemäß § 48 Abs. 1 Satz 1 absieht.

-

§ 45 Zustellung

(1) Der Verwalter ist Zustellungsvertreter der Wohnungseigentümer, wenn diese Beklagte oder gemäß § 48 Abs. 1 Satz 1 beizuladen sind, es sei denn, dass er als Gegner der Wohnungseigentümer an dem Verfahren beteiligt ist oder aufgrund des Streitgegenstandes die Gefahr besteht, der Verwalter werde die Wohnungseigentümer nicht sachgerecht unterrichten.
(2) Die Wohnungseigentümer haben für den Fall, dass der Verwalter als Zustellungsvertreter ausgeschlossen ist, durch Beschluss mit Stimmenmehrheit einen Ersatzzustellungsvertreter sowie dessen Vertreter zu bestellen, auch wenn ein Rechtsstreit noch nicht anhängig ist. Der Ersatzzustellungsvertreter tritt in die dem Verwalter als Zustellungsvertreter der Wohnungseigentümer zustehenden Aufgaben und Befugnisse ein, sofern das Gericht die Zustellung an ihn anordnet; Absatz 1 gilt entsprechend.
(3) Haben die Wohnungseigentümer entgegen Absatz 2 Satz 1 keinen Ersatzzustellungsvertreter bestellt oder ist die Zustellung nach den Absätzen 1 und 2 aus sonstigen Gründen nicht ausführbar, kann das Gericht einen Ersatzzustellungsvertreter bestellen.

-

§ 46 Anfechtungsklage

(1) Die Klage eines oder mehrerer Wohnungseigentümer auf Erklärung der Ungültigkeit eines Beschlusses der Wohnungseigentümer ist gegen die übrigen Wohnungseigentümer und die Klage des Verwalters ist gegen die Wohnungseigentümer zu richten. Sie muss innerhalb eines Monats nach der Beschlussfassung erhoben und innerhalb zweier Monate nach der Beschlussfassung begründet werden. Die §§ 233 bis 238 der Zivilprozessordnung gelten entsprechend.
(2) Hat der Kläger erkennbar eine Tatsache übersehen, aus der sich ergibt, dass der Beschluss nichtig ist, so hat das Gericht darauf hinzuweisen.

-

§ 47 Prozessverbindung

Mehrere Prozesse, in denen Klagen auf Erklärung oder Feststellung der Ungültigkeit desselben Beschlusses der Wohnungseigentümer erhoben werden, sind zur gleichzeitigen Verhandlung und Entscheidung zu verbinden. Die Verbindung bewirkt, dass die Kläger der vorher selbständigen Prozesse als Streitgenossen anzusehen sind.

-

§ 48 Beiladung, Wirkung des Urteils

(1) Richtet sich die Klage eines Wohnungseigentümers, der in einem Rechtsstreit gemäß § 43 Nr. 1 oder Nr. 3 einen ihm allein zustehenden Anspruch geltend macht, nur gegen einen oder einzelne Wohnungseigentümer oder nur gegen den Verwalter, so sind die übrigen Wohnungseigentümer beizuladen, es sei denn, dass ihre rechtlichen Interessen erkennbar nicht betroffen sind. Soweit in einem Rechtsstreit gemäß § 43 Nr. 3 oder Nr. 4 der Verwalter nicht Partei ist, ist er ebenfalls

beizuladen.

(2) Die Beiladung erfolgt durch Zustellung der Klageschrift, der die Verfügungen des Vorsitzenden beizufügen sind. Die Beigeladenen können der einen oder anderen Partei zu deren Unterstützung beitreten. Veräußert ein beigeladener Wohnungseigentümer während des Prozesses sein Wohnungseigentum, ist § 265 Abs. 2 der Zivilprozessordnung entsprechend anzuwenden.

(3) Über die in § 325 der Zivilprozessordnung angeordneten Wirkungen hinaus wirkt das rechtskräftige Urteil auch für und gegen alle beigeladenen Wohnungseigentümer und ihre Rechtsnachfolger sowie den beigeladenen Verwalter.

(4) Wird durch das Urteil eine Anfechtungsklage als unbegründet abgewiesen, so kann auch nicht mehr geltend gemacht werden, der Beschluss sei nichtig.

-

§ 49 Kostenentscheidung

(1) Wird gemäß § 21 Abs. 8 nach billigem Ermessen entschieden, so können auch die Prozesskosten nach billigem Ermessen verteilt werden.

(2) Dem Verwalter können Prozesskosten auferlegt werden, soweit die Tätigkeit des Gerichts durch ihn veranlasst wurde und ihn ein grobes Verschulden trifft, auch wenn er nicht Partei des Rechtsstreits ist.

-

§ 50 Kostenerstattung

Den Wohnungseigentümern sind als zur zweckentsprechenden Rechtsverfolgung oder Rechtsverteidigung notwendige Kosten nur die Kosten eines bevollmächtigten Rechtsanwalts zu erstatten, wenn nicht aus Gründen, die mit dem Gegenstand des Rechtsstreits zusammenhängen, eine Vertretung durch mehrere bevollmächtigte Rechtsanwälte geboten war.

-

§§ 51 und 52 (weggefallen)

-

§§ 53 bis 58 (weggefallen)

IV. Teil
Ergänzende Bestimmungen

-

§ 59 (weggefallen)

-

-

§ 60 (weggefallen)

-

-

§ 61

Fehlt eine nach § 12 erforderliche Zustimmung, so sind die Veräußerung und das zugrundeliegende Verpflichtungsgeschäft unbeschadet der sonstigen Voraussetzungen wirksam, wenn die Eintragung der Veräußerung oder einer Auflassungsvormerkung in das Grundbuch vor dem 15. Januar 1994 erfolgt ist und es sich um die erstmalige Veräußerung dieses Wohnungseigentums nach seiner Begründung handelt, es sei denn, daß eine rechtskräftige gerichtliche Entscheidung entgegensteht. Das Fehlen der Zustimmung steht in diesen Fällen dem Eintritt der Rechtsfolgen des § 878 Bürgerlichen Gesetzbuchs nicht entgegen. Die Sätze 1 und 2 gelten entsprechend in den Fällen der §§ 30 und 35 des Wohnungseigentumsgesetzes.

-

§ 62 Übergangsvorschrift

(1) Für die am 1. Juli 2007 bei Gericht anhängigen Verfahren in Wohnungseigentums- oder in Zwangsversteigerungssachen oder für die bei einem Notar beantragten freiwilligen Versteigerungen sind die durch die Artikel 1 und 2 des Gesetzes vom 26. März 2007 (BGBl. I S. 370) geänderten Vorschriften des III. Teils dieses Gesetzes sowie die des Gesetzes über die Zwangsversteigerung und die Zwangsverwaltung in ihrer bis dahin geltenden Fassung weiter anzuwenden.

(2) In Wohnungseigentumssachen nach § 43 Nr. 1 bis 4 finden die Bestimmungen über die Nichtzulassungsbeschwerde (§ 543 Abs. 1 Nr. 2, § 544 der Zivilprozessordnung) keine Anwendung, soweit die anzufechtende Entscheidung vor dem 31. Dezember 2015 verkündet worden ist.

-

§ 63 Überleitung bestehender Rechtsverhältnisse

(1) Werden Rechtsverhältnisse, mit denen ein Rechtserfolg bezweckt wird, der den durch dieses Gesetz geschaffenen Rechtsformen entspricht, in solche Rechtsformen umgewandelt, so ist als Geschäftswert für die Berechnung der hierdurch veranlaßten Gebühren der Gerichte und Notare im Falle des Wohnungseigentums ein Fünfundzwanzigstel des Einheitswerts des Grundstücks, im Falle des Dauerwohnrechts ein Fünfundzwanzigstel des Wertes des Rechts anzunehmen.

(2)

(3) Durch Landesgesetz können Vorschriften zur Überleitung bestehender, auf Landesrecht beruhender Rechtsverhältnisse in die durch dieses Gesetz geschaffenen Rechtsformen getroffen werden.

-

§ 64 Inkrafttreten

Dieses Gesetz tritt am Tage nach seiner Verkündung in Kraft.